Der Lombardische Tarot

Peter Ortmann

DER LOMBARDISCHE TAROT

FALKEN
TaschenBuch

Zum gleichen Thema ist im FALKEN TaschenBuch bereits erschienen:
Bernd A. Mertz: "Tarot für alle Decks" (60235)

Der Text dieses Buches entspricht den Regeln der neuen deutschen Rechtschreibung.

Dieses Buch wurde auf chlorfrei gebleichtem und säurefreiem Papier gedruckt.

Die Deutsche Bibliothek – CIP-Einheitsaufnahme ist beantragt.

Ortmann, Peter:
Der Lombardische Tarot / Peter Ortmann. – Orig.-Ausg. -
Niedernhausen/Ts. : FALKEN TaschenBuch, 1997
ISBN 3-635-60128-4

Originalausgabe
ISBN 3 635 60128 4

Umschlaggestaltung: Zembsch´ Werkstatt, München
Gestaltung: Beate Müller-Behrens
Redaktion: Walter Fromm/Selters/Ts.; Susanne Janschitz
Herstellung: Bettina Christ
Titelbild: Zembsch' Werkstatt, München
Fotos: Labor Kienzle, Filderstadt
Die Reproduktion der Karten erfolgt mit freundlicher Genehmigung des Deutschen Spielkarten-Museums Leinfelden-Echterdingen.
Satz: FROMM MediaDesign GmbH, Selters/Ts.
Druck: Konkordia Druck GmbH, Bühl/Baden

817 2635 4453 6271

Inhalt

Die Grundlagen

Der Tarot: Urwissen der Menschheit?

Die Herkunft der 78 Tarotkarten ist wie die Symbolik der fremdartigen Bilder in geheimnsivolles Dunkel gehüllt. Für manche Okkultisten gehen sie auf die Zauberpriester des alten Ägypten, Babylons oder Tibets zurück und umfassen das gesammelte Urwissen der Menschheit. Andere haben eine Verbindung mit der jüdischen Geheimlehre Kabbala hergestellt und sehen im Tarot die symbolhafte Darstellung dieser hebräischen Urwahrheiten. Der Franzose Court de Gebelin, der im 18. Jahrhundert ein Riesenwerk über die Sagen- und Götterwelt der alten Völker schrieb, behauptet, die Tarotkarten stellen die vollkommene Einweihung in die menschliche Urkultur dar.

Nachgewiesen ist, dass der Tarot um 1390 in Frankreich, Italien und Spanien auftauchte. Sicher ist auch, dass die Weissagungskarten durch die Sinti und Roma im Lauf der verschiedenen Völkerwanderungen in den Westen gelangten.

Von da an wird die Geschichte schon klarer: Aus dem Tarot entwickelten sich die heute gebräuchlichen Spielkarten, die den Reichtum an Symbolik durch Schlichtheit und klare Ausrichtung auf das Glücksspiel ersetzten.

Wie das chinesische Weissungungssystem des I Ging, das mit Schafgarben oder Münzen gelegt wird, hat der Tarot viele Künstler und Philosophen angeregt. Der französische Denker Alphonse Louis Constant, besser bekannt als Eliphas Levi, lehrte zum Beispiel im vergangenen Jahrhundert, dass ein Mensch, der in einen Kerker eingeschlossen würde und zu seiner geistigen Erbauung nichts als ein Deck mit Tarotkarten erhielte, durch Nachdenken über deren zeitlosen Sinn schrittweise zum Weisen werde. Auch der mittelalterliche Universalgelehrte Theophrastus

Bombastus Paracelsus entdeckte im Tarot „wundersame Bedeutung“: „Da sollen nun die Astronomen und Magier sich zusammentun und die Tarot-Bildnisse und Figuren zur Hand nehmen und eine Auslegung und Deutung dafür geben.“

Im 16. Jahrhundert verewigte sich ein gewisser Wilhelm Postel in den Geschichtsbüchern, als er die vier Buchstaben T-A-R-O in einen mystischen Kreis stellte. Auf diese Weise stellte er Tarot in einen großen kulturgeschichtlichen Zusammenhang: Als Endloswort gelesen ergibt Postels Bild T-A-R-O-T. Fängt man bei R zu lesen an, erhält man R-O-T-A, latienisch für Rad, auch der Begriff für das höchste Gericht der katholischen Kirche. Von hinten nach vorne gelesen, ergibt sich T-O-R-A, das heilige Buch der Hebräer, oder auch O-R-A-T, die Glaubensrichtlinie der christlichen Religionen (lateinisch: er/sie betet).

Ein weiterer mysteriöser Gewährsmann des Tarot ist Christian Rosenkreuz, der die geheimnsivolle Bruderschaft der Rosenkreuzer begründete. Von diesem Erben des Paracelsus wird berichtet, er habe auf seinen weit reichenden Orientreisen zwei Bücher im Gepäck mitgeführt: die Bibel und ein Büchlein aus Pergament, mit Gold beschrieben - die Deutung des Tarot.

In der Neuzeit hat der magische Kartensatz auch die Mächtigen in ihren Bann gezogen: angefangen bei den Medici in Florenz, die eigens Künstler beschäftigten, um sich Tarotkarten malen zu lassen, bis zu Napoleon Bonaparte, der seine geliebte Josephine unermüdlich über seinen Erfolg und sein Schlachtenglück die Karten legen ließ.

Zum eigentlichen Durchbruch aus dem Bereich von Mystik und Magie in den von Wissenschaft und Philosophie verhalf dem Tarot ein berühmter Psychologe: Carl Gustav Jung. Seine Beschäftigung mit den Orakelsystemen führte zu seiner Theorie der Synchronizität der Erscheinungen. Einfach ausgedrückt stellte C. G. Jung fest, dass Dinge gleichzeitig geschehen und miteinander einen Sinn ergeben, wir aber nicht wissen, warum sie gleichzeitig geschehen. Auf den Tarot bezogen: Wir befinden uns in einem bestimmten Abschnitt unseres Lebens. Die Karten, die wir zu diesem Zeitpunkt ziehen, spiegeln diesen Abschnitt genau wider.

Was die Bilder bedeuten

Die Symbolbilder, die auf den Tarotkarten abgebildet sind, entsprechen nach Jung den Bildern unseres Unterbewusstseins, denen wir normalerweise nur in unseren Träumen und Fantasien begegnen. Denn nur dann, wenn der Verstand ruhig gestellt ist – also im Schlaf, in Trance oder in der Meditation –, öffnet sich unser Unterbewusstsein und spricht zu uns in Bildern. Der Tarot (und andere Orakelsysteme) geht den umgekehrten Weg: Er bietet dem Unterbewusstsein Bilder an. Und diese Bilder sind die Schwingungen, die derzeit in unserem Leben vorherrschen.

Im Grunde funktioniert Tarot also ganz einfach: Wir konzentrieren uns auf eine ganz bestimmte Frage oder auf die umfassende Fragestellung: Was bringt mir die nächste Zukunft? Dabei mischen wir die 78 Karten des Decks. Der Effekt: Wir werden ruhiger, der Verstand mit all seinen plappernden Gedanken ist durch die Fragestellung, das Mischen und den dann folgenden Vorgang abgelenkt. Wir halbieren den Stapel der Karten zweimal, nehmen dann denjenigen der drei vor uns liegenden Stapel, zu dem wir uns hingezogen fühlen, und legen die Karten dieses Stapels nach einem der Legesysteme aus, die Sie im nächsten Kapitel finden.

Die Bilder, die wir auf diese Weise erhalten, hängen nach Jung mit unserem derzeitigen Leben unmittelbar zusammen, sind also Symbole, die unsere aktuelle Lebenssituation erläutern und interpretieren. Sie entsprechen jedem Bereich unserer Wirklichkeit. Ein Beispiel: Sie ziehen den König der Münzen. Auf geschäftlicher Ebene bedeutet das finanziellen Erfolg, auf gesellschaftlicher Ebene Einfluss und Macht, im privaten Bereich Erfüllung in der Beziehung, für unser Selbst bedeutet der König der Münzen Optimismus, Lebensfreude und Selbstvertrauen. Welche dieser Ebenen für Sie gerade in Ihrem Leben wichtig ist, wissen nur Sie selbst (daher sind Sie auch immer der beste Kartenleger für sich selbst).

Die Grundregeln: Was Sie beim Tarot beachten müssen

Wann immer Sie die Tarotkarten zur Zukunftsbefragung heranziehen, sollten Sie bestimmte **Grundregeln** beachten, die Ihre Befragung erleichtern und gleichzeitig vertiefen:

▶ Nehmen Sie sich Zeit für die Befragung - eine halbe Stunde sollte Minimum sein.

▶ Stellen Sie sicher, dass Sie ungestört sind - also Anrufbeantworter an oder Telefon abschalten.

▶ Schreiben Sie Ihre Frage schriftlich nieder - auch wenn es keine spezifische Frage ist, sondern nur die nach der künftigen Entwicklung. Vermeiden Sie Fragen, auf die Sie nur eine Ja- oder Nein-Antwort erhalten: Der Tarot ist dafür viel zu umfassend, weil er Entwicklungen aufzeigt.

▶ Nehmen Sie über Ihre Hände bewusst und mit allen Sinnen Kontakt zu den Karten auf.

▶ Mischen Sie die 78 Karten und denken Sie dabei an Ihre Frage - nehmen Sie sich auch dafür Zeit!

▶ Bilden Sie dann drei Stapel - die Karten immer mit dem Bild verdeckt, also nach unten - und lassen Sie sich von Ihrem Gefühl leiten, welches dieser drei Häufchen Sie auslegen wollen.

▶ Legen Sie die Karten des ausgewählten Stapels nach einem der Legesysteme, die ich Ihnen im nächsten Kapitel vorstelle.

▶ Wählen Sie die Legemethode, mit der Sie am leichtesten umgehen können.

▶ Sehen Sie sich jede aufgeschlagene Karte genau an und prüfen Sie, welche Gefühle und Gedanken in Ihnen hochkommen. Spüren Sie die Schwingungen und Energien, die von den Kartensymbolen ausgehen. Vergessen Sie nie: Beim Tarot ist immer Magie mit im Spiel!

▶ Notieren Sie diese Eindrücke und Erfahrungen in Ihrem Tagebuch.

▶ Schlagen Sie dann unter der jeweiligen Karte in diesem Buch nach und lassen Sie sich von den hier beschriebenen Interpretationen inspirieren.

- ▶ Wenn eine Deutung nicht auf Ihre Frage zutrifft, dann prüfen Sie, ob dahinter nicht eine andere, Ihnen bisher nicht bewusste Frage steht.
- ▶ Befragen Sie den Tarot nicht zu oft. Mein Erfahrungswert nach über zehn Jahren Beschäftigung mit dem Tarot: Alle vier bis sechs Monate befragt, geben die Karten die beste Auskunft.
- ▶ Lesen Sie immer wieder, von Zeit zu Zeit, in Ihren alten Aufzeichnungen nach. Sie werden nicht nur verblüfft sein, wie „recht" der Tarot gehabt hatte, sondern Sie werden nach ein paar Jahren auch feststellen, welches akkurate Bild Ihres Lebens die von Ihnen gelegten Karten malen.

Befragungsmethoden: So legen Sie die Karten

Es gibt unzählige Befragungsmethoden: Systeme, wie Sie die Karten auslegen können. Ich möchte mich hier nur auf die vier in meiner mehr als zehnjährigen Tarotpraxis am meisten bewährten und gleichzeitig am einfachsten zu legenden Systeme konzentrieren. Ausführlichere und komplexere Legearten finden Sie in dem empfehlenswerten Buch „Tarot für alle Decks" von Bernd A. Mertz (Falken Verlag 1996).

Machen Sie sich zunächst mit diesen vier Methoden vertraut und entscheiden Sie dann von Fall zu Fall, wie Sie den Tarot befragen wollen. Beachten Sie dabei die oben beschriebenen Grundregeln.

Die Problem-Frage

Die Ausgangslage: Sie haben ein Problem, für dessen Lösung Sie keinen Weg sehen. Ihre Gedanken scheinen sich im Kreis zu drehen.

Die Lösung: Sie legen sieben Karten, die Sie nach dem oben beschriebenen Prozess von einem Stapel Ihrer Wahl der Reihe nach abnehmen, in folgendem Muster aus:

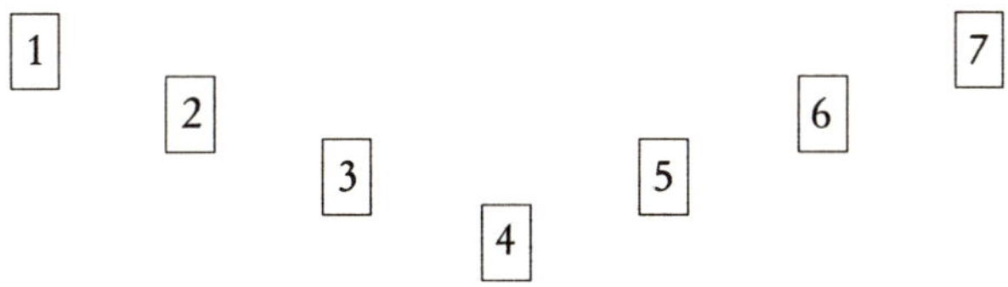

Die Deutung:

1: Diese Karte beschreibt das, was gerade zu Ende geht.
2: Diese Karte symbolisiert das, worin das Problem besteht.
3: Diese Karte zeigt das, was gerade beginnt.
4: Diese Karte sagt mir, was zu tun ist.
5: Diese Karte nennt hilfreiche oder störende Energien von außen.
6: Diese Karte weist mich auf meine Hoffnungen oder auf meine Befürchtungen hin.
7: Diese Karte erläutert die Lösung des Problems, zeigt mögliche Ereignisse, die mit der Lösung des Problems in Verbindung stehen.

Die allgemeine Frage

Die Ausgangslage: Sie haben kein spezifisches Problem, für das Sie eine Antwort suchen, sondern wollen sich einen Überblick über die jetzige Situation und die sich daraus ergebende zukünftige Entwicklung verschaffen.

Die Lösung: Sie legen das so genannte Keltische Kreuz aus. Der Name leitet sich von seiner Form ab, einem Kreuz mit gleichlangen Armen. Vier Karten stehen rechts neben diesem Kreuz. Ziehen Sie zehn

Karten von dem von Ihnen ausgewählten Stapel und legen Sie sie nach dem folgenden Muster aus:

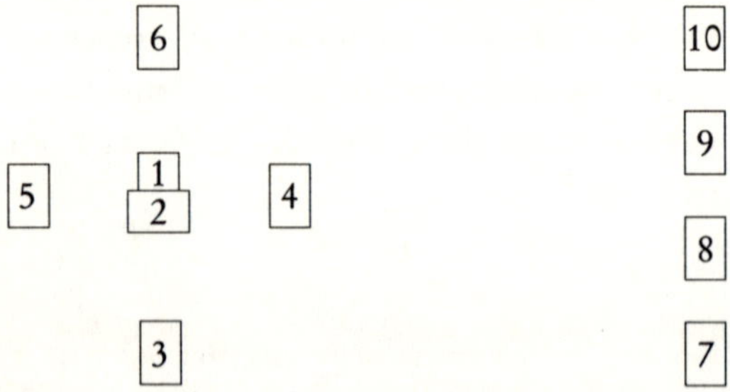

Die Deutung:

1: Meine jetzige innere Situation – so fühle ich mich!
2: Meine jetzige äußere Situation – das erlebe ich!
3: Was zu meiner jetzigen Situation geführt hat.
4: Was gerade zu Ende geht – die jüngste Vergangenheit.
5: Was unmittelbar bevorsteht – die nächste Zukunft.
6: Zukünftige Möglichkeiten – ich habe die Wahl!
7: Meine innere Einstellung.
8: Beziehungen: Wer um mich herum ist, und wie mir die Außenwelt begegnet.
9: Meine Hoffnungen und Befürchtungen.
10: Zukünftige Möglichkeiten und Entwicklungen – will ich, dass es darauf hinausläuft?

Die Gefühls-Frage

Die Ausgangslage: Sie wissen nicht, was Sie in Bezug auf einen oder mehrere andere Menschen wirklich wollen. Sie haben Angst, Ihre Gefühle zuzulassen oder sind sich über Ihre Gefühle gegenüber Anderen im Unklaren.

Die Lösung: Legen Sie vier Karten aus dem von Ihnen ausgewählten Stapel nach folgendem Muster aus.

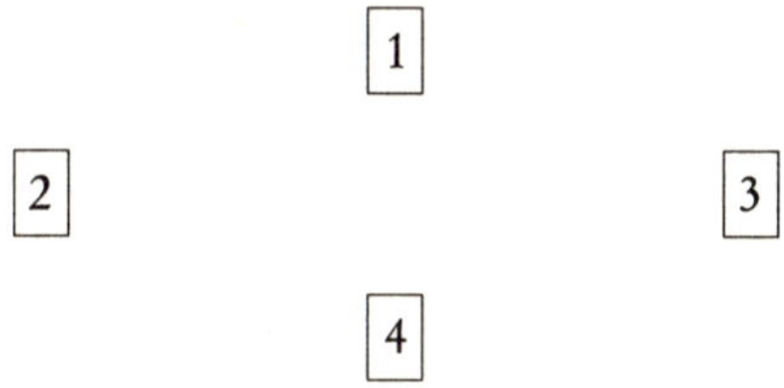

Die Deutung:
1: Womit beschäftige ich mich innerlich? Was geht in mir vor?
2: Wie empfänglich bin ich? Wofür bin ich offen?
3: Was zeige ich? Was gebe ich nach außen?
4: So könnte ich das Problem (die Probleme) bewältigen – ein Lösungsvorschlag.

Die Beziehungs-Frage

Die Ausgangslage: Sie wollen die Beziehung zu Ihrem Partner oder einem Ihnen Nahestehenden klären.

Die Lösung: Setzen Sie sich gemeinsam mit ihm/ihr hin, mischen Sie die Karten, bilden Sie drei Stapel. Lassen Sie dann Ihren Partner eine Karte aus dem Stapel, für den Sie sich entschieden haben, ziehen. Diese Karte charakterisiert Sie (1). Ziehen Sie jetzt eine Karte, die Ihren Partner beschreibt (2). Ziehen Sie nun eine Karte für sich selbst, wie Sie sich sehen (3). Ihr Partner folgt dann Ihrem Beispiel (4). Schließlich nimmt Ihr Partner eine Karte, die seine Beziehung zu Ihnen zeigt (5), und Sie ergreifen die nächste Karte, die Ihre Beziehung zu ihm schildert (6). Legen Sie die auf diese Weise gezogenen sechs Karten nach dem folgenden Muster aus.

1	3	5
2	4	6

Die Deutung:
Ich: 1: Wie mich mein Partner sieht.
3: Wie ich mich selbst sehe.
5: Welche Beziehung mein Partner zu mir hat.

Du: 2: Wie ich meinen Partner sehe.
4: Wie sich mein Partner selbst sieht.
6: Welche Beziehung ich zu meinen Partner habe.

Mit diesen vier Befragungs- und Legemethoden erhalten Sie vom Tarot jene Antworten, die Ihnen im täglichen Leben durch die Dominanz des Verstandes verborgen geblieben sind, die Sie durch das ständige Geplapper der Gedanken nicht hören konnten. Wie gesagt: Nehmen Sie die Methode, die Ihnen im Augenblick am ehesten zusagt, also die sich „gut“ anfühlt.
Welches der zahlreichen Tarotdecks Sie für Ihre Befragung einsetzen, sollten Sie nach Ihrem Gefühl entscheiden. Nach meiner Erfahrung ist es äußerst sinnvoll, mit mehreren unterschiedlichen Decks zu arbeiten, weil deren unterschiedliche Darstellungen immer wieder neue Assoziationen und Schwingungen erzeugen. Ich habe zum Beispiel neben dem gebräuchlichsten Deck, dem von Rider, in kürzester Zeit ein weiteres klassisches Deck schätzen und lieben gelernt: den **lombardischen Tarot,** der aus dem Triest des späten 18. Jahrhunderts stammt. Diesen außergewöhnlichen und sehr sinnlichen Tarot darf ich Ihnen im Folgenden **exklusiv** und als **absolute Neuentdeckung** vorstellen.

Die 22 Trumpfkarten habe ich wegen Ihrer herausragenden Bedeutung jeweils auf zwei Seiten, die 56 Karten der vier Sätze (Stäbe, Kelche, Schwerter und Münzen) auf je einer Seite beschrieben.

Der Lombardische Tarot

Die 22 Trumpfkarten

Bevor Sie mehr erfahren über die Deutung der einzelnen Karten, möchte ich Ihnen einen kurzen Einblick geben in die Aufteilung der 78 Karten des Tarot: Sie sind in die so genannten Großen und Kleinen Arkana geteilt. Das lateinische Wort „arcanum" bezeichnet das Geheime, Verborgene, das Geheimnis. Das „Große Geheimnis" ist nicht größer im Sinne von wichtiger als das „Kleine Geheimnis". Das Geheimnis der **Großen Arkana** (immer in der Mehrzahl, denn es sind die Karten gemeint) ist umfassender, verborgener als das der **Kleinen Arkana**.

Die 22 Trumpfkarten stellen nämlich die menschlichen Anlagen dar, die seit Anbeginn existieren: Da geht es um das männliche und weibliche Prinzip, um die Fähigkeit, zu empfinden und sich auszudrücken und so weiter. Kurz: Die Großen Arkana sind die Prinzipien und Ideen, die der stofflichen, materiellen Welt zu Grunde liegen. Diese körperlich gelebte Welt ist in den 56 Karten der Kleinen Arkana dargestellt.

Behalten Sie das Folgende im Hinterkopf, wenn Sie an die Deutung der einzelnen Karten gehen: Die Großen Arkana lassen sich in drei Siebenergruppen von Trümpfen einteilen, wenn wir den Joker (Le Fol) beiseite legen: Die erste Gruppe vom „Magier" bis zum „Wagen" beschreibt den Bereich des gesellschaftlichen Lebens, des Bewusstseins, der Realität. Sie stellt gleichzeitig die sieben Stufen der Kindheit dar. Die Reihe von der Acht, der „Gerechtigkeit", bis zur Vierzehn, der „Ausgewogenheit" ist eine Reise in unser Inneres. Hier geht es um die seelische Realität und um die Erfahrungen des Erwachsenseins. Die sieben Karten vom „Teufel" bis zur „Welt" befassen sich mit der geistigen, der spirituellen Realität. Hier wird der Weg über die Grenzen des Individuums hinaus zu den kosmischen Naturgesetzen, also der Weg zur Erkenntnis der höheren Wahrheiten beschrieben.

Die Null – Le Fol – Der Narr

Das Bild

Der Narr symbolisiert den Menschen in seiner unschuldigsten Form: als Baby oder wie auf dieser Karte als jungen Menschen, der durch die Welt zieht, ohne sich der Gefahren, Hindernisse und Fallen bewusst zu sein. Dennoch ist er nicht dumm-naiv, sondern unbeschwert, will sagen: noch nicht beladen mit all den belastenden Sorgen und Gedanken, die einen Erwachsenen drücken. Der Narr zeigt uns, wie frei und unabhängig wir sein könnten, wenn wir wie er im Einklang mit den Kräften der Natur lebten. Diese Naturkräfte sind auf der Karte durch die Pflanzen, durch die hindurch sich der Narr bewegt, und durch den Hund, der ihm nicht vom Rockzipfel will, symbolisiert.

Der Narr spürt aber auch Kräfte in sich selbst, dargestellt durch die zwei Stäbe, die er trägt. Stäbe – das werden wir noch in der Besprechung der vier Sätze sehen – sind Ausdruck der Tatkraft, der Feuer-Energie. Mit seiner Rechten stützt sich der Narr darauf, mit seiner Linken trägt er ein Bündel daran. Er hat also Energien zur Verfügung sowohl auf seiner rechten Tat-Seite als auch auf seiner linken Empfindungs-Seite. Das Bündel versorgt ihn zusätzlich mit allem, was er für's Leben braucht.

Die Bedeutung

Folgen Sie wieder Ihrer Intuition! Vielleicht haben Sie sich zu sehr in die Irrungen und Wirrungen Ihres Verstandes verstrickt, haben an sich und anderen gezweifelt und die Orientierung verloren. Der Narr fordert Sie auf, jetzt verstärkt Ihrer inneren Stimme zu folgen. Hören Sie einmal nicht auf das, was „die anderen" sagen, vergessen Sie die Regeln und Reglements der Gesellschaft. Seien Sie kritisch, wenn Sie die Worte hören: „Das tut man nicht!" oder: „Das kannst du doch nicht machen!"

▶ **Beruf** Halten Sie sich das Bild dieses unbeschwerten Wanderers vor Augen. Begegnen Sie der Welt mit seinem Urvertrauen. Spüren Sie aber auch die Kraft, auf die Sie sich stützen können. Oft steht der Narr am Beginn eines neuen Lebensabschnitts, deutet auf einen beruflichen Neuanfang. Wenn das bei Ihnen der Fall ist, dann freuen Sie sich, denn das bedeutet, dass Sie voller Enthusiasmus, Optimismus und Zuversicht Ihre neuen Aufgaben anpacken werden. Und machen Sie sich keine Sorgen um's Geld. Die Welt hat alles für Sie bereitgestellt.

▶ **Liebe** Bezieht sich die Karte auf einen Partner, dann lassen Sie sich von seiner unbeschwerten Lebensfreude anstecken. Sehen Sie ihn/sie als Ihren Lehrer, der Sie darauf hinweist, dass Sie sich dieser Energie und Schwingung des Narren öffnen sollten. Steht der Narr am Beginn einer neuen Beziehung, dann heißt das, dass beide Partner unvorbelastet und „neu" an eine gemeinsame Zukunft herangehen. Und eine bessere Basis für eine Beziehung gibt es nicht.

▶ **Gesundheit** Vergessen Sie all die negativen Schlagzeilen in der Presse, die ach so gut gemeinten Ratschläge Ihrer Bekannten Ihre Gesundheit betreffend. Vertrauen Sie auf die Heilungskräfte Ihres Körpers. Seien Sie unbeschwert wie der Narr. Er schreitet auch nicht in die Welt hinaus voller Angst, dass ihn schon morgen eine schwere Krankheit ereilt. Und wenn Sie die Karte wörtlich nehmen wollen, dann lernen Sie eines von ihr: Gehen Sie raus an die frische Luft, in die freie Natur - und Sie fühlen sich gleich besser.

Die Eins – Le Rateleur – Der Magier

Das Bild

Magie ist die Anwendung der Kräfte, über die der Narr unbewusst verfügt. Der Magier bedient sich dazu einer Reihe von Hilfsmitteln, die er offen auf dem Tisch vor sich ausgelegt hat: Messer, Steine und andere Kultgegenstände stehen nicht nur ihm, sondern jedem zur Verfügung, der sich bedienen möchte. Er ist also kein sich in Geheimnisse hüllender Schwarzmagier, sondern einer, der sein Wissen offen mit allen teilt. Dennoch schützt er dieses Wissen – ein breitkrämpiger Hut bedeckt seinen Kopf. Mit seinem Stab zieht er schöpferische Energie aus dem Kosmos herab, bleibt aber dennoch mit beiden Beinen auf dem Boden der Realität - symbolisiert durch die Blumen, die ihn umgeben.

Die Bedeutung

Erinnern Sie sich Ihrer schöpferischen Fähigkeiten! Möglicherweise steht gerade oder demnächst ein neues Projekt an oder es beginnt eine neue Lebensphase für Sie. Denken Sie daran, dass Sie wie der Magier alle Kräfte einsetzen können – sogar die kosmischen! Haben Sie keine Angst, dass Sie vom Boden abheben: Sie stehen fest verwurzelt da. Lassen Sie Ihre Energie frei durch sich hindurchfließen. Vertrauen Sie der unendlichen kosmischen Kraftquelle und setzen Sie sie kreativ, offen und zum Wohl Ihrer Mitmenschen ein.

▶ **Beruf** Vermutlich haben Sie gerade erfolgreich etwas begonnen. Haben erstes Kapital erworben. Sie haben Selbstvertrauen gewonnen. Jetzt gilt es, das Erreichte auszubauen und weiter zu führen. Das Wie erfahren Sie, wenn Sie einmal offen und kreativ an die Sache herangehen. Spielen Sie gedanklich alle Möglichkeiten durch, lassen Sie Ihren Ideen Flügel wachsen.

▶ **Liebe** Sie erfahren die Magie der Liebe. Ihre Energien fließen zu Ihrem Partner. Umgekehrt geschieht es natürlich, wenn Ihr Partner die Magier-Karte gezogen hat. Wer jedoch von Ihnen beiden diese Energien des Magiers im Augenblick spürt, ist gar nicht so wichtig. Entscheidend ist vielmehr, dass Sie sich diesen Schwingungen öffnen, sie zwischen Ihrem Partner und sich selbst frei fließen lassen.

▶ **Gesundheit** Sie haben gerade eine Krankheit überstanden, sind wieder gesund geworden – vielleicht durch die heilenden Hände eines Anderen, vielleicht aber auch durch die Mobilisierung der Selbstheilkräfte Ihres Körpers. Auch das ist ja Magie: wie es unser Körper versteht, Krankheiten abzuwehren und wieder heil zu werden. Seien Sie sich dieser Kräfte, die in Ihnen wohnen, stets bewusst!

Die Zwei – La Papesse – Die Hohe Priesterin

Das Bild

Die ersten sieben Karten der Großen Arkana stellen die Urprinzipien des menschlichen Lebens, die Archetypen dar. So versinnbildlichen der Magier das männliche Prinzip, die Yang-Energien im Menschen, und die Hohe Priesterin das weibliche Prinzip, die Yin-Energien. Auf der Karte der Hohen Priesterin ist diese Dualität der beiden menschlichen Energien noch einmal abgebildet: Die Frau trägt ein blaues Kleid und einen roten Umhang, das heißt, sie verfügt über beides – das Blau der weiblichen Intuition und Emotion (Wasser-Element) und das Rot der männlichen Tatkraft und Aktion (Feuer-Element). Aber weil sie eine weise Frau ist (siehe das Buch auf ihrem Schoß und die Tiara auf ihrem Kopf als Zeichen der geistigen Führerschaft), vereint sie den weiblich-männlichen Gegensatz in der goldenen Farbe der Erleuchtung.

Die Bedeutung

Lassen Sie Ihre Gefühle zu! Sie haben Ihrem Verstand und der rationalen Betrachtungsweise zu viel Spielraum gegeben. Jetzt ist es an der Zeit, Ihren Gefühlen, Ihrer Intuition, Ihren Ahnungen und Empfindungen freien Lauf zu lassen, damit sich am Ende ein Gleichgewicht zwischen beiden Kräften und Energien einstellt. Möglicherweise haben Sie sich nicht auf die Erfahrung Ihres aufnehmenden, mitfühlenden Teils eingelassen, weil Sie Angst davor hatten, Ihrer „dunklen“ Seite zu begegnen. Machen Sie sich klar, dass dieser Teil Ihrer Persönlichkeit nur deswegen „dunkel“ ist, weil Sie ihn nicht ans Licht kommen lassen.

▶ **Beruf** Sie treten in eine berufliche Phase ein, in der es um mehr geht als um's Geld verdienen. Sie spüren, wie Sie innerlich Anteil an dem nehmen, was Sie tagtäglich tun. Vielleicht haben Sie sogar das Gefühl, Ihr Beruf sei Berufung. Fragen Sie sich doch einmal, welche Tätigkeit Ihnen wirklich Befriedigung verschaffen würde. Fantasieren Sie, dass Sie diese Tätigkeit ausüben. Stellen Sie es sich in Bildern vor - ganz konkret und mit viel Gefühl. Wenn Sie das lange genug tun, kann Ihr Traum Wirklichkeit werden.

▶ **Liebe** Jetzt geht es um die tiefen Gefühle. Oberflächliche Begegnungen, Flirts und kurze Techtelmechtel befriedigen Sie nicht mehr. Stehen Sie ruhig dazu! Akzeptieren Sie diese weibliche Seite an sich – besonders wenn Sie ein Mann sind. Wenn Ihr Partner die Hohe Priesterin gezogen hat, dann richten Sie sich darauf ein, dass sie/er jetzt „ernst“ machen will.

▶ **Gesundheit** Sie kommen jetzt den seelischen Ursachen Ihrer Beschwerden auf die Spur. Prüfen Sie, was in Ihrem Innersten abläuft, bevor sich Schmerzen oder Unpässlichkeiten einstellen. Sie werden bei diesem Prozess nicht nur viel über Ihre Gefühle und Ihren Körper lernen, sondern auch über das Zusammenspiel der beiden.

Die Drei – La Temperatrice – Die Herrscherin

DAS BILD

Das Gefühl, das Blau, der Hohen Priesterin tritt in den Hintegrund, das warme Rot und Gold treten bei der Herrscherin hervor. Sie vereinigt die männlichen Energien des Magiers (siehe das Szepter und die Attribute der Macht wie die Krone und den Reichsadler, den sie umfasst) und die Weiblichkeit der Priesterin (siehe die fließenden Kleider). Die Kennzeichen der äußeren Macht (Krone, Reichsadler) verdeutlichen, dass es hier im Gegensatz zur Priesterin nicht um das Geistige, sondern um das Irdische geht. Die Herrscherin ist Sinnbild der weiblichen Autorität, die aber doch nie zur männlichen Herrschsucht verkommt: Das Weibliche (deutlich an den Haaren der Herrscherin, die bei der Priesterin nicht zu sehen waren) ist stets präsent.

DIE BEDEUTUNG

Haben Sie Mut zur Sinnlichkeit! Genießen Sie. Erfahren Sie die Welt mit Ihren fünf Sinnen. Seien Sie leidenschaftlich in allem, was Sie tun. Erkennen Sie, dass zum Beispiel in allem, was eine Mutter tut, neben dem Praktischen und Irdischen ein tieferer Sinn steckt, nämlich der Ausdruck von Liebe. Jetzt ist der ideale Zeitpunkt, Ihr Verhältnis zu Ihrer Mutter zu klären, möglicherweise auch der richtige Augenblick, sich von ihr abzunabeln. Vielleicht hilft Ihnen diese Karte dabei, Ihre Mutter neu zu verstehen.

▶ **Beruf** Aktivieren Sie jetzt Ihre mütterliche Seite: Zeigen Sie Güte, verzeihen Sie Fehler und lassen Sie sich ganz von „irdischen“ Motiven leiten. Ging es bei der Priesterin um Berufung und den tieferen Sinn Ihrer Arbeit, so sollten jetzt die fassbaren Ergebnisse im Vordergrund stehen.

▶ **Liebe** Es gibt Zeiten für Romantik und Verliebtheit, und es gibt Zeiten für Pflichtgefühl und Zuverlässigkeit. Die Herrscherin weist auf eine Zeit der mütterlichen Liebe hin: Da ist durchaus Platz für Sinnlichkeit und Leidenschaft, aber die Bindung, das Vertrauen in die Beständigkeit schwingen immer mit.

▶ **Gesundheit** Sie erhalten die Pflege und Fürsorge anderer, wenn Sie jetzt krank sind. Oder Sie sorgen für andere, wenn Sie sich im Moment gut fühlen. Akzeptieren Sie beides, denn die Herrscherin weist Sie auf diese momentane Zeitqualität hin.

Die Vier – L' Empereur – Der Herrscher

Das Bild

Ging es bei der Herrscherin im übertragenen Sinn um das Prinzip der Mutter, dann verkörpert der Herrscher das Vater-Prinzip, die Autorität. Die Abbildung zeigt, dass diese Autorität auf Macht beruht, aber nicht kalt und unmenschlich ist: Die Kleidung des Herrschers mit ihrem dominierenden Blau verrät, dass er durchaus Gefühle zulässt. Zwar zeigt er seine Macht nach außen, indem er sein Szepter deutlich vor sich trägt. Aber er hält an dieser Macht nicht krampfhaft fest, sondern sie ist seine Basis, sein Fundament: Er sitzt förmlich auf dem Reichsadler.

Die Bedeutung

Überprüfen Sie Ihr Verhältnis gegenüber Autoritäten und Regeln! Setzen Sie sich bewusst mit dem Vater-Prinzip auseinander. Für manche bedeutet das, sich mit dem leiblichen Vater, dem Vorgesetzten, den Autoritäten (Behörden, Gericht, Polizei) zu beschäftigen. Für andere steht jetzt die Überprüfung der Regeln und Normen an, nach denen sie bisher gelebt haben. Fragen Sie sich: Fördern diese Regeln mein Leben oder schränken sie es ein? Machen Sie einmal eine Bestandsaufnahme!

▶ **Beruf** Sie werden mit Autorität konfrontiert. Das kann eine Förderung durch Ihren Vorgesetzten sein oder das Nachdenken über Ihre eigene Autorität, wenn Sie selbst in führender Position sind. Auf jeden Fall deutet der Herrscher auf eine günstige berufliche Entwicklung hin. Schmieden Sie die Eisen für Ihre Karriere jetzt, solange das Feuer heiß ist.

▶ **Liebe** Wundern Sie sich nicht, wenn Sie jetzt von älteren Personen Liebe und Zuneigung erfahren oder sich zu älteren Menschen hingezogen fühlen. Das können die Eltern sein, aber auch andere Menschen aus Ihrem Umfeld. Möglicherweise kommt es sogar zu romantischen Erlebnissen mit Ihrem Chef/ Ihrer Chefin. Auf Sie selbst bezogen: Entdecken Sie Ihre fürsorgende, väterliche Liebe zu Ihren Mitmenschen.

▶ **Gesundheit** Gehen Sie jetzt bewusst Ihre Spannungen im Körper an: die Kopf-, Nacken- und Rückenschmerzen. Verspannung entsteht aus dem Gefühl, etwas tun zu müssen, was man nicht will, oder etwas nicht zu können, wozu man eigentlich verpflichtet wäre. Wann haben Sie dieses Gefühl? Wer oder was macht Ihnen Druck? Wer sitzt Ihnen im Nacken? Machen Sie eine Bestandsaufnahme und verändern Sie dann Ihre äußere Situation.

Die Fünf – Le Pape – Der Hohe Priester

Das Bild

Die letzte der fünf großen Personenkarten zeigt den Papst, der die Lehre der Religion – daher die drei Adepten um seinen Thron, die Tiara und das päpstliche Szepter – und die Beschäftigung mit dem Geistig-Spirituellen verkörpert. Es geht also um die geistige Autorität, im Gegensatz zur weltlichen, der wir im Herrscher und in der Herrscherin begegnet sind. Im Unterschied zur Hohe Priesterin steht hier jedoch nicht die emotionale, persönliche Glaubenserfahrung im Vordergrund, sondern die im Hohe Priester dargestellte Lehre und Ordnung der Religion.

Die Bedeutung

Überprüfen Sie Ihren Glauben! Sie sind jetzt in ein Stadium eingetreten, in dem Sie sich mit den Dogmen Ihrer Kirche und überhaupt mit den Richtlinien Ihrer Erziehung auseinander setzen sollten. Sind die Maßstäbe Ihrer Eltern, Ihrer Schulzeit, Ihrer Kirche oder der öffentlichen Meinung für Sie noch relevant? Wäre es nicht an der Zeit, sich aus der Rolle der drei Adepten oder Schüler, die Sie deutlich unter dem Hohe Priester sehen, zu lösen und den eigenen Weg zu finden?

▶ **Beruf** Lösen Sie sich jetzt von den Maßstäben anderer. Machen Sie sich bewusst, dass Sie selbst die Stationen Ihrer Karriere festlegen, dass Sie Ihr eigener Meister sind. Stimmen die Muster, die Sie von Ihrer Umwelt als Verhaltensmodelle gepredigt bekamen, noch mit Ihren Zielen überein? Ist zum Beispiel Bescheidenheit wirklich ein Motor für Erfolg?

▶ **Liebe** Ihr Konzept von Liebe, wie Sie es von Ihren Eltern und Ihrer Umgebung übernommen haben, stimmt möglicherweise mit der Erfahrung, die Sie in Ihren Beziehungen machen, nicht mehr überein. Hüten

Sie sich davor, die Realität diesen alten Denkschablonen anzupassen. Schaffen Sie sich lieber neue, die auf Ihrer eigenen Erfahrung von Liebe aufbauen.

▶ **Gesundheit** Krankheit oder Beschwerden haben momentan eine ganz andere Bedeutung. Denn jetzt ist die Zeit, sie als Phase der Besinnung zu verstehen. Versuchen Sie also nicht, Ihre Unpässlichkeiten mit Pillen so schnell wie möglich wegzuschieben, sondern nützen Sie sie als Gelegenheit, über Ihr Verhältnis zu Ihrem Körper nachzudenken.

Die Sechs – L'Amoureux – Die Liebenden

Das Bild

Nachdem der Mensch in seiner Kindheit vom Baby (Der Narr) durch die Erziehung durch Mutter (Hohe Priesterin, Herrscherin) und Vater (Herrscher, Hohe Priester) herangewachsen ist und dabei das weibliche und das männliche Prinzip kennen gelernt hat, weisen ihn die Eltern nun in das letzte Geheimnis ein: die Liebe. Cupido mit seinen Liebespfeilen hat die Sehnsucht und Begierde geweckt. Jetzt muss sich der Mensch dazu entschließen, die beiden hinter sich zu lassen. Denn es ist nur noch ein kleiner Schritt, bis der junge Mensch allein und selbstständig in die Welt hinaus zieht.

Die Bedeutung

Liebe macht frei! Die Karte der Liebenden ist oft interpretiert worden als Wahl zwischen zwei Partnern. Ich glaube, das Bild zeigt vielmehr den ersten Schritt aus dem Schutz des Elternhauses heraus, angeregt durch die in Wallung geratenen Hormone (auf der Karte symbolisch dargestellt durch Cupidos Liebespfeile). Die Liebe wird somit als Energie deutlich, die uns befreit und uns zu neuen Ufern aufbrechen lässt.

▶ **Beruf** Welche Tätigkeit lieben Sie? Was tun Sie mit Herzblut? Benutzen Sie Ihre Begeisterung und Leidenschaft für bestimmte Handlungen als Energieschub für Ihre Karriere. Sehen Sie also in Ihrer Arbeit eine Möglichkeit, sich selbst zu verwirklichen, und nicht nur ein Mittel zum Geld verdienen.

▶ **Liebe** Geben Sie der Liebe zu Ihrem Partner jetzt Ausdruck. Erfreuen Sie sich an der gemeinsamen Sexualität. Denn diese Karte zeigt Ihnen, dass jetzt der ideale Zeitpunkt ist, eine bereits bestehende Beziehung zu vertiefen oder eine neue Partnerschaft einzugehen. Wundern Sie sich nicht, wenn Sie sich jetzt verlieben.

▶ **Gesundheit** Tun Sie Ihrem Körper jetzt viel Gutes. Essen Sie gut und gesund. Bewegen Sie sich viel in der Natur und genießen Sie es. Pflegen Sie sich. Lassen Sie sich massieren und verwöhnen. Entdecken Sie die Sexualität als Jungbrunnen Ihrer Gesundheit.

Die Sieben – Le Chariot – Der Wagen

Das Bild

Der Mensch hat die Entwicklungsstadien seiner Kindheit durchlaufen und ist auf dem Weg hinaus in die Welt. Er hat so viel gelernt, dass er vor diesem Weg ins Ungewisse keine Angst zu haben braucht: Er steht auf einem prächtigen Wagen, den Energiestab (das Szepter) in der Hand, die Krone der Erkenntnis auf dem Kopf und durch einen Baldachin geschützt. Die beiden Pferde, Symbole der Sexualität, wollen zwar in verschiedene Richtungen laufen, doch er hält sie im Zaum. Er hat nichts zu befürchten, Erfolg liegt auf dem Weg – wie die Blumen auf dem Weg zeigen.

Die Bedeutung

Erfolg auf der ganzen Linie! Sie sind sich Ihrer Stärke bewusst, strotzen vor Kraft und Erfolgswillen. Sie haben sich diese Sieben, das alte hebräische Symbol für Sieg, hart erarbeitet. Werden Sie jetzt nicht arrogant oder übermütig, sondern zügeln Sie sich! Geben Sie Ihrem Streben eine Richtung. Auf jeden Fall haben Sie die richtige Richtung eingeschlagen und können optimistisch in die Zukunft blicken.

▶ **Beruf** Jetzt könnte eine Beförderung ins Haus stehen oder eine Gehaltsaufbesserung. Sie haben ein wichtiges Teilziel erreicht. Bewegen Sie sich mit der dadurch gewonnen Siegesgewissheit weiter auf Ihrem Karriereweg. Lassen Sie sich durch Ihren Erfolg jedoch nicht zu riskanten finanziellen Abenteuern verleiten.

▶ **Liebe** Auch in der Liebe zu Ihrem Partner und Ihren Mitmenschen erleben Sie Erfolg auf der ganzen Linie. Sie sind derzeit ein begehrter Mensch. Nutzen Sie Ihren Einfluss zu Ihren Gunsten. Werden Sie jedoch nicht überheblich in Ihrem Beliebtheitsrausch, halten Sie Ihre Pferde im Zaum. Der Tarot lehrt uns, dass das Leben in einem ständigen Auf und Ab schwingt. Jetzt sind Sie oben. Stoßen Sie nicht die vor den Kopf, die gerade unten sind.

▶ **Gesundheit** Wenn Sie krank sind, dann hat jetzt die Heilung eingesetzt. Wenn Sie gesund sind, erleben Sie momentan Tage, an denen Sie vor Gesundheit und Wohlbefinden nur so strotzen. Wie in der Liebe gilt auch hier: Machen Sie nicht den Fehler, dass Sie sich für unverwundbar halten. Hochmut kommt auch im gesundheitlichen Bereich vor dem Fall (in die Krankheit).

Die Acht – La Justice – Die Gerechtigkeit

Das Bild

Auf den ersten Blick ist die Ähnlichkeit zwischen der Herrscherin und der Gerechtigkeit verblüffend. Beide Frauen sind mit göttlicher Eingebung gesegnet, was durch die Flügel symbolisiert ist. Beide haben innere Harmonie erreicht – die Farbe der Kleidung ist ausgewogen zwischen dem weiblich-emotionalen Blau, dem männlich-aktiven Rot und dem Gold der Erleuchtung. Und doch gibt es zwei ganz entscheidende Unterschiede: Die Herrscherin hält die Symbole der irdischen Macht (Szepter und Reichsapfel) in den Händen, die Gerechtigkeit hingegen die Symbole gerechten Urteilens (das blaue Schwert als Sinnbild des klaren, auf der Intuition fußenden Gedanken, der Recht spricht, und die Waage als Zeichen des ausgewogenen Abwägens). Die Herrscherin ist bis oben zugeknöpft, die Gerechtigkeit zeigt in vollkommener Unschuld ihre Brüste – sie nährt die Menschen.

Die Bedeutung

Sie erfahren Gerechtigkeit! Sie ernten, was Sie irgendwann einmal gesät haben. Durch das Bewusstwerden Ihrer Vergangenheit lernen Sie das Gesetz von Ursache und Wirkung. Sie erkennen vergangene „Fehler“ als notwendige Lernschritte. Durch diese Vergangenheitsbewältigung finden Sie Ihr inneres Gleichgewicht und die Kraft, Entscheidungen zu treffen. Sie wissen sich jetzt selbst richtig einzuschätzen.

▶ **Beruf** Sie erfahren Gerechtigkeit an Ihrem Arbeitsplatz. Vorbei die Zeit der Missverständnisse und falschen Beurteilungen Ihnen gegenüber. Vorbei aber auch die Zeit Ihrer Fehleinschätzungen den Kollegen und Vorgesetzten gegenüber. Sorgen Sie für Harmonie.

▶ **Liebe** Die Zeit des Streitens ist vorüber. Sie sehen Ihren Partner und sie/er sieht Sie, wie Sie beide wirklich sind. Das Machtgerangel endet hier. Sie und Ihr Partner fühlen sich gleichberechtigt. Sie erkennen sich gegenseitig an – mit allen Ihren Fehlern und Schwächen.

▶ **Gesundheit** Ein gesunder Geist in einem gesunden Körper. Sie ernähren sich gesund, leben gesund und fühlen sich auch gesund. Sie laufen derzeit „rund". Freilich wird Ihnen auch klar, dass etwaig auftretende Beschwerden ihre Ursache in den gesundheitlichen Sünden früherer Jahre haben und erst auskuriert werden müssen.

Die Neun – L'Ermite – Der Einsiedler

Das Bild

Der weise alte Mann ist eines der ältesten Symbole der Mythen aller Kulturen. Er hat sich von der Welt zurückgezogen. Gestützt auf den goldenen Stab des inneren Wissens und auf den Rat seiner inneren Stimme (blauer Umhang) leuchtet er allen heim, die sein Licht suchen oder die sich verirrt haben, die vielleicht durch das laute Tagesgeschehen vom rechten Weg abgekommen sind. „Komm' zu mir!" scheint der Eremit zu sagen, „ich kann Licht in dein Dunkel bringen."

Die Bedeutung

Ziehen Sie sich zurück! Bleiben Sie jetzt zu Hause und gehen Sie ein wenig in sich. Kapseln Sie sich aber nicht gleich völlig ab. Der Einsiedler ist ja auch durchaus offen für die, die ihn besuchen. Aber er hat sich aus der Geschäftigkeit des täglichen Lebens zurückgezogen. Und genau das würde Ihnen jetzt ebenfalls gut tun. Lassen Sie sich jetzt auf neue innere Erfahrungen ein, die auch in Form von Büchern, durch einen geistigen Lehrer oder eine Begegnung auf Sie zukommen könnnen.

▶ **Beruf** Arbeiten Sie jetzt in aller Ruhe. Sie müssen sich jetzt nicht in den Mittelpunkt stellen, brauchen keine Belobigungen. Sie sind mit sich selbst und Ihrer Tätigkeit ganz zufrieden, ganz eins. Erkennen Sie jetzt auch die Freude, die darin liegt.

▶ **Liebe** Leidenschaft ist nur eine Seite der Liebe. Stilles Sich-Verstehen und Sich-Verzeihen und den Partner völlig annehmen ist eine andere Seite der Liebe. Um die geht es jetzt in Ihrem Leben. Spüren Sie die tiefe Zuneigung, die hinter dieser gereiften und weisen Liebe steckt. Sehen Sie in Ihrem Partner den weisen, alten Lehrer, der Ihnen Eigenheiten bewusst macht, die Sie von selbst nicht erkennen würden.

▶ **Gesundheit** Gibt es die Weisheit des Körpers? Die alten Heiler glaubten daran. Der Körper wird dann krank, sagten sie, wenn er den Geist auf eine Fehlhaltung aufmerksam machen will. Gehen Sie einmal in sich und fragen Sie sich, mit welcher Beschwerde oder Krankheit Sie Ihr Körper auf eine Fehlhaltung aufmerksam machen möchte. Erwarten Sie jetzt ein tieferes Verständnis für die gesundheitlichen Belange Ihres Körpers.

Die Zehn – Rove de Fortune – Das Rad des Schicksals

Das Bild

Der Eremit hat in der Stille seiner Versenkung gelernt, dass das Leben wie ein Rad ist, das sich ständig dreht. Es wird durch die vier Elemente am laufen gehalten, auf der Karte versinnbildlicht links durch den Stab als Symbol für das Feuer; unten durch das plantschende Kind als Symbol für das Wasser; oben durch den kleinen Prinzen mit dem Schwert als Symbol für die Luft und rechts durch den Hund als Symbol für die Erde. In diesen Figuren kehren die vier Sätze des Tarot (Stäbe, Kelche, Schwerter, Münzen) in spielerischer Form wieder. Im Rad selbst ist der Wechsel zwischen männlich-aktiver (rot) und weiblich-passiver (blau) Energie ausgedrückt, die sich ebenfalls wie die Elemente immer wieder abwechseln.

Die Bedeutung

Das einzig Beständige ist der Wandel. Akzeptieren Sie, dass das Leben ein ständiger Wechsel ist. Egal ob Sie gerade oben stehen oder in einem tiefen Loch liegen, es ist wieder einmal die Zeit gekommen, wo sich Ihr Leben grundlegend verändert. Es wäre sinnlos, lang und breit nach den Ursachen dieses Wandels zu suchen. Nehmen Sie ihn einfach an und konzentrieren Sie sich auf die spielerischen Figuren der Karte: Betrachten Sie die Ereignisse Ihres Lebens einmal wie einen Film oder ein Theaterstück.

▶ **Beruf** Halten Sie nicht an Altem fest. Seien Sie flexibel und offen für Neues. Sie haben jetzt die einmalige Chance, neue Erfahrungen zu machen, vielleicht sogar sich neue Ziele zu stecken. Spüren Sie die innere Aufregung, die mit einer neuen Herausforderung einhergeht. Benutzen Sie sie als Motor für Ihre Arbeit.

▶ **Liebe** In Ihrer Beziehung verändert sich etwas. Akzeptieren Sie es und begrüßen Sie es als längst fällige Entwicklung. Ob dadurch die Bindung zu Ihrem Partner noch enger wird oder auseinander bricht – eine Klärung war ohnehin fällig.

▶ **Gesundheit** Der Höhepunkt der Krankheit ist überwunden. Jetzt geht es in Riesenschritten der Gesundung entgegen. Verstehen Sie auch hier, dass alles im Leben dem ewigen Kreislauf unterliegt. Auf kranke folgen gesunde Tage und umgekehrt.

Die Elf – La Force – Die Kraft

Das Bild

Die Frau zähmt den Löwen – nicht durch brutale Gewalt, sondern durch die sanfte Kraft ihrer Weiblichkeit (fließendes blaues Kleid). Die liegende Acht auf dem Kopf symbolisiert die Unendlichkeit, das heißt: So war es schon immer und so wird es immer sein. Die innere Wahrheit der Hohe Priesterin und die Macht und Leidenschaft der Herrscherin sind hier vereint zu einer Kraft, die sogar die Lebens- und Sexualenergie des Löwen, des Sonnen- und Feuersymbols, bändigen kann.

Die Bedeutung

Sie werden mit allen Problemen fertig! Sie haben Ihre Gefühle und Triebe genau im Griff: Sie akzeptieren sie und leben sie aus, aber Sie lassen sich nicht von ihnen beherrschen. Das macht Sie frei und mobilisiert Ihre Tatkraft und Dynamik. Ihre Mitmenschen beneiden Sie um diese Fähigkeit. Verstand und Gefühl sind bei Ihnen im Einklang. Sie spüren die daraus erwachsende innere Kraft.

▶ **Beruf** Sie strahlen Erfolg und Sicherheit aus. Vielleicht bittet man Sie, Führungsaufgaben zu übernehmen. Vielleicht sind Sie schon in leitender Position. Haben Sie jetzt den Mut, ganz Sie selbst zu sein. Lehnen Sie Aufgaben ab, die Sie nicht übernehmen wollen. Melden Sie ganz offen Führungsansprüche an, wenn Sie sich danach fühlen.

▶ **Liebe** Wenn es jemals zwischen Ihnen und Ihrem Partner Machtkämpfe gegeben haben sollte, dann ist jetzt deren Ende gekommen. Bei Ihrem gesunden und nicht überheblichen Selbstbewusstsein (zu wissen, wer mein Selbst ist) können Sie Ihren Partner so sein lassen, wie er ist. Sie haben sie/ihn ohnehin bereits gezähmt.

▶ **Gesundheit** Sie strotzen vor Gesundheit. Wenn Sie krank waren, dann erholen Sie sich jetzt rasch. Lassen Sie Ihre allgemeine Hochstimmung auf Ihren Körper übergreifen. Machen Sie einmal mit Ihrem Bewusstsein eine Reise durch Ihren Körper und erleben Sie, wo er überall ganz prächtig funktioniert. Merken Sie's? Sie sind viel gesünder als Sie dachten.

Die Zwölf – Le Pendu – Der Hängende

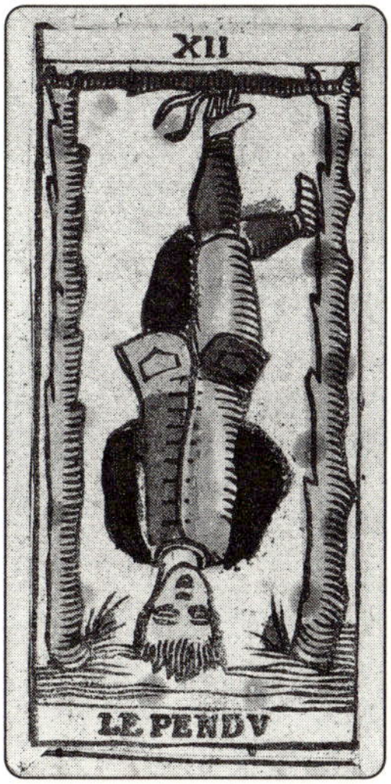

Das Bild

Der Weisheit nächster Schritt: Spielerisch hängt sich der Mensch mit dem Kopf nach unten auf, um die Welt aus einer anderen Perspektive zu betrachten. Der Baum, an den er sich hängt, ist sein Lebensbaum, seine Herkunft und Vergangenheit. Seine Kleidung verrät, dass er im Gleichgewicht zwischen männlich und weiblich und dass er erfolgreich ist. Er nähert sich mit seinem Kopf der Erde, vielleicht auch der heimatlichen Muttererde. Möglicherweise war er vorher zu sehr der Wirklichkeit entrückt.

Die Bedeutung

Sehen Sie die Welt einmal von ihrer anderen Seite! Stellen Sie einfach alles auf den Kopf. Stellen Sie sich vor, genau das Gegenteil von Ihren Denkgewohnheiten, Verhaltensregeln und Theorien wäre richtig. Spielen Sie es so locker durch wie der Hängende. Kämpfen Sie nicht weiter darum, wer im Recht ist. Akzeptieren Sie beide Seiten der Medaille.

▶ **Beruf** Wenn Sie jemals Ihren Beruf wechseln oder sich selbstständig machen wollten, jetzt ist der richtige Zeitpunkt gekommen. Wagen Sie einen Neuanfang oder steigen Sie aus, wenn Sie wollen. Brechen Sie aber auf jeden Fall aus Ihrer Routine aus! Sie brauchen jetzt frischen Wind und neue Herausforderungen.

▶ **Liebe** Aufregende Zeiten sind zu erwarten. Vielleicht taucht eine alte Liebe von einst auf, vielleicht verlieben Sie sich leidenschaftlich neu. Möglicherweise fängt in Ihrer langandauernden Beziehung plötzlich wieder das Prickeln an. Auf jeden Fall kommen ein paar stürmische Entwicklungen auf Sie zu.

▶ **Gesundheit** Besinnen Sie sich auf eine gesunde Lebensweise. Denn so, wie Sie bisher gelebt haben, können und wollen Sie nicht weitermachen. Probieren Sie alternative Heilmethoden aus. Beginnen Sie einen neuen Sport. Überdenken Sie den Umgang mit Ihrem Körper von Grund auf. Vergessen Sie aber auch dabei das Spielerische nicht.

Die Dreizehn – La Mort – Der Tod

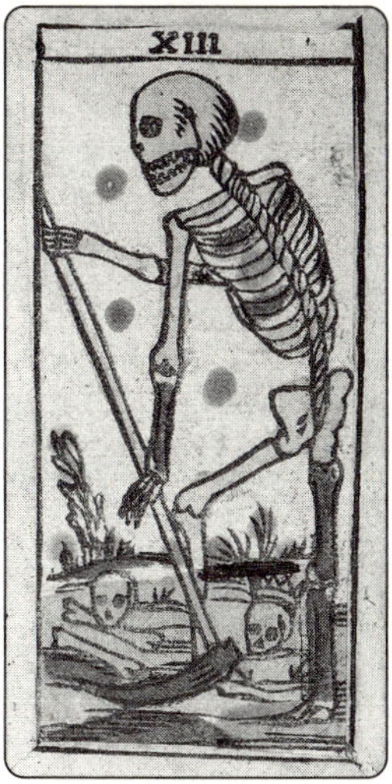

Das Bild

Nachdem der Mensch die Bereitschaft gezeigt hat, alles neu zu sehen, ist er bereit, sein altes Ich sterben zu lassen und einen Neuanfang zu wagen. Genau darum geht es in diesem Bild. Während die alten Gebeine in Moder übergehen, wächst auf diesem Humus bereits das neue Leben, dargestellt durch die bunten Blumen. Neue Schönheit entsteht aus dem Alten, das sich überlebt hat. Der Tod selbst ist ein Skelett und symbolisiert damit die Ewigkeit.

Die Bedeutung

Zeit zum Abschied nehmen. Denken Sie jetzt nicht gleich an einen Todesfall, an Trauer, Schmerz und Tränen. Was diese Karte ausdrücken will, ist ein anderer Tod, nämlich der des Alten, das wir ablegen müssen: alte Gewohnheiten, Denkmuster und Vorlieben, aber auch alte Vorurteile, Meinungen und Glaubensinhalte, möglicherweise das alte Ego, also all das, wofür Sie sich bisher hielten. Akzeptieren Sie diese Zeit der grundlegenden Veränderungen. Sie wissen ja bereits: Das Rad des Lebens muss sich immer weiter drehen.

► **Beruf** Umgreifende Änderungen stehen ins Haus. Möglicherweise verlassen Sie Ihre Firma, oder Sie beenden einen Auftrag. Wenn Sie selbstständig sind, sollten Sie sich jetzt finanziell absichern, bevor die Änderungen über Sie hereinstürzen. Seien Sie jedoch zuversichtlich: Die Blumen des Erfolgs wachsen bereits am anderen Ende des Weges.

► **Liebe** Jetzt ist die Zeit zum Lebewohl-Sagen. Das kann endgültig sein oder auch nur bedeuten, dass Sie sich von etwas Gemeinsamen trennen müssen. Haben Sie auf jeden Fall den Mut, eine Beziehung zu beenden, die nur noch durch äußere Umstände am Leben gehalten wurde. Das bezieht sich auf eine Partnerschaft genauso wie auf eine Freundschaft. Sie haben die Kraft zu einem Neuanfang.

▶ **Gesundheit** Wenn Sie operiert werden müssen, tun Sie das jetzt. Denn es ist die Zeit, loszulassen. Und da sich diese Umbruchsenergie auf alles erstreckt, sind die jetzt im Glück, die krank waren. Ihre Krankheit wird sterben, das heißt: Sie werden gesund, die Krisen sind zu Ende.

Die Vierzehn – La Temperanse – Die Ausgewogenheit

Das Bild

Da ist sie wieder, die sanfte Dame mit den Flügeln, die als Herrscherin mit ausgewogener Macht regiert und als Kraft mit sanfter Gewalt den Löwen gebändigt hat. Hier gießt sie Wasser von einem Krug in den anderen, verbindet (lateinisch: temperare) die Elemente – eine Gabe, die auch der Mensch, der durch den Rückzug in die Stille und den darauf folgenden Tod seines Ego gereift ist, besitzt. Die Ausgewogenheit drückt sich auch in der Kleidung aus: Weibliche (blau) und männliche (rot) Energie verschmelzen zum Gold der Erleuchtung und inneren Einsicht.

Die Bedeutung

Alles hängt zusammen. Sie machen derzeit die Erfahrung, dass es keinen Zufall gibt. Auch die kleinen Dinge des Alltags hängen mit dem großen Lebensplan zusammen. Das Auf und Ab erkennen Sie als sinnvoll: Alles ist ausgewogen, die Gegensätze zwischen Vergnügen und Arbeit, Zerstreuung und Konzentration, Geistigem und Körperlichem fließen in eine Einheit zusammen. Durch diese Erfahrung gewinnen Sie innere Ruhe und Harmonie und die Fähigkeit, angemessen und ausgewogen zu handeln.

▶ **Beruf** Sie finden jetzt Gleichberechtigung an Ihrem Arbeitsplatz. Alte Über- und Unterordnungsverhältnisse haben aufgehört zu existieren. Wegen Ihrer Ruhe und Ausgeglichenheit werden Sie von Ihren Kollegen geschätzt und von Ihren Vorgesetzten gelobt. Möglicherweise entdecken Sie Chancen, die Sie bisher nicht gesehen haben.

▶ **Liebe** Gegensätze ziehen sich an. Sie machen jetzt eine Erfahrung dieser alten Weisheit. Vor allem aber werden Sie erkennen, dass die scheinbaren Gegensätze in Wirklichkeit gar nicht vorhanden sind, sondern nur Ausdruck der jeweils anderen Energien. Und gerade die wissen Sie im Augenblick besonders zu schätzen. Eine aufregende Zeit!

▶ **Gesundheit** Sie erkennen, dass Gesundheit und Krankheit zusammengehören. Ohne Krankheit wüssten wir nicht, wo wir Fehler gemacht haben, wo wir den Körper stärken müssen und was Gesundsein bedeutet. Sie gehen ruhig und ausgeglichen mit Ihrem Körper um, und das wird sich positiv auswirken.

Die Fünfzehn – Le Diable – Der Teufel

Das Bild

Bevor der Mensch das höhere Bewusstsein erlangt – und darum geht es jetzt in der letzten Siebener-Reihe der Großen Arkana – muss er sich noch einmal mit den Illusionen der materiellen Welt auseinander setzen, die der Teufel symbolisiert. Die zwei Ebenen, auf denen diese Beschäftigung mit dem Irdischen stattfindet, sind auf der Karte klar zu erkennen: das Körperlich-Sexuelle (siehe die Nacktheit der Personen) und die Gedanken (siehe das Schwert in der Hand des Teufels), die ja mit dem eigentlich unschuldigen Erleben der Sexualität (siehe blauer Rock) nichts zu tun haben.

Die Bedeutung

Akzeptieren Sie Ihre sexuellen Triebe! Es gehört nun einmal zu unserem irdischen Dasein, alle unsere Sinne auszuleben. Nur wenn unsere Triebe übermächtig werden und uns beherrschen wie der überlebensgroße Teufel auf der Karte, dann haben wir die Ausgewogenheit verloren. Bevor wir zu Höherem streben, mahnt uns der Tarot, müssen wir erst das Irdisch-"Niedrige" akzeptieren.

▶ **Beruf** Auch die Arbeit kann zur Sucht werden, wenn wir ihr unser Leben unterordnen. Dann gehen wir möglicherweise über Leichen, um Karriere zu machen. Stellen Sie sich jetzt diese Frage, bewerten Sie die Rolle des Berufs in Ihrem Leben und prüfen Sie, ob Sie nicht einem Teufel (der Aufstieg, Karriere, Erfolg, Reichtum usw.) anheim gefallen sind.

▶ **Liebe** Drücken Sie Ihre Liebe ruhig sexuell aus. Ihr Trieb ist momentan ohnehin sehr stark. Prüfen Sie aber, ob Sie mit Ihrem Partner mehr als pure Lust verbindet. Denn eine rein auf den Sexualtreib aufgebaute Beziehung wird sich irgendwann genauso als Illusion entpuppen wie ein Leben, das nur auf materiellen Gewinn ausgerichtet ist.

▶ **Gesundheit** Sie sind derzeit so mit dem Lebensgenuss beschäftigt, dass Ihre Gesundheit langfristig darunter leiden wird. Alkohol, Koffein, Drogen haben eine magische Anziehungskraft auf Sie. Gehen Sie ruhig einmal durch diese Erfahrung, denn nur dann können Sie beurteilen, wie befriedigend das hierbei erzielte schnelle Glück wirklich ist.

Die Sechzehn – La Maison Dieu – Der Turm

Das Bild

Wer sich auf die materiellen Energien eingelassen und sich mit ihnen einen scheinbar sicheren Turm gebaut hat, der braucht schon ein göttliches Strafgericht in Form von Donner, Blitz und Hagelschlag, damit er buchstäblich auf die Schnauze fällt und seinen grauen Turm der Materialität verlässt. Erst dann erkennt der Mensch, dass Sicherheit eine Illusion ist, die ihm jederzeit genommen werden kann.

Die Bedeutung

Zeit zum Aufwachen! Unterdrückte Energien müssen frei werden. Vielleicht haben Sie sich zu sehr - wie auf der fünfzehnten Karte sichtbar – auf die Illusion von Besitz und Macht gestürzt. Und jetzt stürzt es über Sie herein. Gewaltsame Veränderungen äußerer Lebensbedingungen sind immer ein Zeichen für zu viel angestautem inneren Druck. Sie können aber einem radikalen Umsturz vorbeugen, wenn Sie die Veränderungen von sich aus beginnen.

▶ **Beruf** Geben Sie Ihrem Drang nach Veränderung nach, bevor es von außen über Sie hereinbricht. Oft erwägt man in Gedanken einen Stellenwechsel, eine Ortsveränderung oder eine neue Aufgabe, hält dann aber aus Bequemlichkeit oder Sicherheitsdenken an dem Alten fest. Tun Sie das jetzt nicht: Das Alte muss dem Neuen ohnehin weichen.

▶ **Liebe** Wie in allen anderen Lebensbereichen wird es jetzt auch in Ihrer Partnerschaft zu Veränderungen kommen. Stemmen Sie sich nicht dagegen. Routine und Gewohnheit führen über kurz oder lang ohnehin zum Verwelken Ihrer Beziehung. Ändern Sie die Dinge jetzt, wo Sie die richtige Energie dazu haben.

▶ **Gesundheit** Eine unerwartete Krankheit wirft Sie auf den Boden der Dinge zurück. Ein körperlicher Schmerz macht Ihnen bewusst, wo Sie vom Weg abgekommen sind. Akzeptieren Sie diesen Wink Ihres Körpers und ändern Sie Ihren Lebensstil.

Die Siebzehn – Le Toille – Der Stern

Das Bild

Die Katastrophen sind vorüber, Frieden kehrt ein. Die Sternenfrau in all ihrer nackten Unschuld lässt die Energien ihrer Gefühle (blaues Wasser) frei in das große Meer der Empfindung aller Menschen fließen: Dadurch verbindet sie ihre Seele mit dem – wie Jung sagen würde – kollektiven Unbewussten der Menschheit. Und über einer solchen Tat strahlen acht Sterne - Gerechtigkeit (Die Acht) ist eingekehrt.

Die Bedeutung

Spüren Sie Ihren inneren Frieden! Lassen Sie die Energien Ihrer Gefühle und Empfindungen jetzt frei fließen. Sie haben sie im Übermaß.

Jetzt ist die ideale Zeit, sich schöpferisch auszudrücken. Das kann für den einen im körperlichen Bereich stattfinden (Tanz, Bewegung, Sport usw.), für den anderen im künstlerischen (Malen, Schreiben, Töpfern usw.). Seien Sie kreativ ohne auf die Anerkennung anderer zu schielen.

▶ **Beruf** Sie haben Erfolg, weil Sie von den Musen geküsst werden. Sie werden gefördert (wahrscheinlich von einer Frau). Sie kommen gut an, weil Sie eine beneidenswerte Ausstrahlung haben. Geben Sie von Ihrer Energie, Sie haben genug davon.

▶ **Liebe** Was Sie jetzt erleben, erleben Sie nicht alle Tage: Liebe pur, erfülltes Glück; Freude, Friede, Familieneintracht. Genießen Sie es – Sie haben es sich hart erarbeitet, sind durch Veränderungen und kleine Tode gegangen. Jetzt läuft Ihr Liebesleben rund.

▶ **Gesundheit** Genesung setzt ein. Sie spüren einen Schub, als seien Sie plötzlich an ein Stromkabel angeschlossen. Warme, heilende Energie durchpulst Ihren Körper. Unterstützen Sie den Vorgang, indem Sie sich ganz auf ihn konzentrieren. Dann können Sie hautnah beobachten, wie Sie jetzt wieder gesund werden.

Die Achtzehn – La Lune – Der Mond

Das Bild

Wenn Energien auf den Menschen einströmen, bereitet ihm das nicht nur Freude wie in der Karte Stern. Er muss sich auch den Kräften stellen, die ihm Angst machen, wie zum Beispiel das Animalische, das hier als Hund und Wolf dargestellt ist. Oder die tiefen Ängste, die symbolisch durch den Krebs aus den tiefen Schichten des Unbewussten (Wasser) auftauchen. Ohne die Bewusstmachung dieser Energien werden wir nie durch die durch die beiden Häuser angedeutete Pforte des Wissens schreiten und die perfekte Harmonie von Sonne (Tatkraft) und Mond (Empfinden) erreichen.

Die Bedeutung

Stellen Sie sich Ihren Ängsten! Sie dachten, Sie wären schon längst über den Berg. Und plötzlich tauchen von ganz tief unten Ängste, Fantasien oder Triebe auf, von deren Existenz Sie keine Notiz mehr nahmen, die Sie glatt verdrängt hatten.

Warum gerade jetzt, wo Sie sich so wohl und sicher fühlten? Die Antwort ist einfach: weil Sie jetzt die Kraft haben, sich diesen verborgenen Seiten Ihres Selbst zu stellen. Das wird keine Butterfahrt werden, da kann es ganz schön stürmisch zugehen. Rechnen Sie damit, dass Sie aufgewühlt und gehörig durchgeschüttelt werden. Aber schenken Sie diesen Vorgängen Ihre ungeteilte Aufmerksamkeit und Energie, dann haben Sie den Bodensatz Ihrer Gefühle ein für allemal aus Ihrem Seelengefäß herausgespült.

▶ **Beruf** Auch in Ihrem Arbeitsbereich werden Sie mit alten Ängsten konfrontiert. Vielleicht schlummert in Ihnen ja trotz aller finanziellen Absicherung noch immer die alte Furcht, plötzlich ohne Geld dazustehen. Vielleicht gibt es tief in Ihrem Inneren die Angst, nicht gut genug oder schlechter als die anderen zu sein. Schieben Sie diese Befürchtungen nicht einfach auf die Seite. Schauen Sie sie an und befreien Sie sich von ihnen.

▶ **Liebe** Es kann sein, dass Sie jetzt erkennen, dass Ihre Partnerschaft Ihnen nicht das gibt, was Sie immer ersehnten. Oder dass die Gefühle, die Sie für Ihren Partner empfinden, nicht dem entspricht, was Sie unter wirklicher Liebe verstehen. Dann sollten Sie Ihre jetzige Energie nutzen, um diese Unzufriedenheit offen zuzugeben und anzusprechen. Wenn Sie jedoch mit Ihrer Beziehung ganz zufrieden sind, dann sollten Sie jetzt mal darüber nachdenken, ob es nicht gemeinsame Unternehmungen gibt, die Ihrer Partnerschaft eine ganz neue Dimension geben könnten.

▶ **Gesundheit** Ihre Angst vor Krankheit hat durchaus positive Seiten, nämlich, dass Sie Gesundheit ganzheitlich zu verstehen lernen. Wenn Sie Ängste nicht offen legen, manifestieren sie sich als Krankheit an der schwächsten Stelle Ihres Körpers. Denken Sie einmal darüber nach, was der Körperteil oder das Organ, das bei Ihnen häufig erkrankt, symbolisiert. Dann wissen Sie auch, welche Angst hinter dieser Krankheit steht. Körper, Seele und Geist sind eins. Wenn eines davon aus dem Lot geraten ist, ist der ganze Mensch aus dem Gleichgewicht.

Die Neunzehn – Le Sole – Die Sonne

Das Bild

Der Mensch hat seine Ängste und Triebe (Mond-Karte) angenommen und ist dadurch zu höherer Bewusstheit (Sonne) gelangt. Die Mauer, mit der wir uns selbst beschränkt haben, ist überwunden. Unschuldig wie die Kinder treten wir jetzt in die Welt hinaus, gestärkt von der strahlenden Feuerenergie der Sonne, deren Leuchtkraft auch unser Bewusstsein erhellt (die Tropfen, die auf die Menschen herunterregnen). Es ist hier nicht ein einzelner Mensch dargestellt, sondern ein Junge und ein Mädchen: Der Mensch hat beide Energien, männlich und weiblich, in sich vereinigt.

Die Bedeutung

Glück und Erfolg auf der ganzen Linie! Sie haben jetzt die Gelegenheit, die Welt wie ein Kind neu zu sehen. Sie haben die Sonne in sich und strahlen diesen Optimismus und diese Lebensfreude so stark nach außen, dass Sie Glück und Erfolg regelrecht anziehen. Handeln Sie jetzt auch danach. Drücken Sie Ihre Energie in Taten aus.

Dann gelangen Sie von selbst zu dem höheren Bewusstsein, dass Sie der Schöpfer Ihrer Lebensumstände sind. Ja mehr noch: Sie machen die Erfahrung, dass sich Ihre Gedanken auch ohne Ihr Zutun verwirklichen. Vergessen Sie nie, dass Ihr Glück noch größer ist, wenn Sie es mit anderen teilen.

▶ **Beruf** Jetzt erreichen Sie endlich, wovon Sie schon immer geträumt haben: die Beförderung, die Gehaltserhöhung, den Großauftrag. Sie haben zündende Ideen und groß angelegte Pläne, die zur Verwirklichung drängen. Ihre Dynamik reißt andere mit. Halten Sie sich jetzt nicht zurück, sondern leben Sie sich beruflich aus. Was Sie jetzt anpacken, gelingt

▶ **Liebe** Wenn Sie noch nicht in einer festen Beziehung leben, ist jetzt die Zeit, sich zu binden. Die Zweisamkeit mit Ihrem Partner erzeugt ein so starkes Hochgefühl in Ihnen beiden, dass Sie sich jetzt getrost versprechen können, zueinander zu stehen in guten wie in schlechten Zeiten. Wenn Sie Single sind, werden Sie jetzt vermutlich Menschen anziehen wie Motten das Licht.

▶ **Gesundheit** Wenn Sie krank waren, genesen Sie jetzt. Wenn Sie keine Beschwerden gehabt haben, dann spüren Sie momentan einen Energieschub, der Sie verleiten mag, Bäume auszureißen. Tun Sie es ruhig. Sie können Ihren Körper jetzt ohne weiteres belasten. Das heißt freilich nicht, dass Sie Raubbau mit ihm betreiben sollten.

Die Zwanzig – Le Jugement – Die Auferstehung

Das Bild

Der erleuchtete (goldgelbe) Engel lässt die Posaune (das alte Symbol der himmlischen Kommunikation) erschallen, und die Menschen stehen, nackt und unschuldig wie die Kinder, aus ihren Gräbern auf, um ein neues Leben zu beginnen. Sie sind gesegnet mit dem Tau des Himmels, jener Erkenntnis, die aus dem Empfinden und der Intuition heraus (blaue Wolke) erwächst. Die Tatsache, dass hier nicht ein einzelner Mensch, sondern gleich drei abgebildet sind, zeigt, dass die Auferstehung, der Neubeginn, Lebensaufgabe jedes Menschen ist.

Die Bedeutung

Wagen Sie einen Neuanfang! Wieder einmal sind Sie einen kleinen Tod gestorben: Altes ging zu Ende. Aber – merken Sie's? – Sie sind gar nicht traurig darüber. Sie wussten, dass ein Neuanfang geschehen musste. Sie haben den Ruf gehört. Verlassen Sie jetzt Ihre alten Pfade, die Gräber Ihrer Vergangenheit, und erleben Sie, was Sie bereits wissen: dass Sie jederzeit mit der Unschuld eines Kindes neu beginnen können, und dass die höhere Macht immer segnend seine Hand über diese Neuanfänge hält.

▶ **Beruf** Sie dachten, das war's schon, hatten sich schon zum Ausruhen hingelegt, und plötzlich merken Sie: Neue Aufgaben stehen an. Spüren Sie, wie Sie diese Erkenntnis beflügelt. Freuen Sie sich an dem Elan und Enthusiasmus, die gleichsam wie von den Toten auferstanden scheinen. Sie sind wieder da, und man muss wieder mit Ihnen rechnen.

▶ **Liebe** Neuer Schwung kommt in Ihre Beziehung. Ihre Gefühle sind plötzlich wieder zum Leben erweckt. Machen Sie was draus! Entdecken Sie das Kindliche in Ihrem Partner und in sich selbst. Spielen Sie miteinander, unternehmen Sie Abenteuer zusammen. Lassen Sie einmal den Ernst beiseite und freuen Sie sich einfach am gemeinsamen Leben. Sie werden sehen, Ihre Partnerschaft feiert eine fröhliche Wiedergeburt.

▶ **Gesundheit** Spüren Sie den inneren Jungbrunnen, der plötzlich in Ihnen sprudelt. Fühlen Sie den Frühling, der in Ihnen ausbricht. Das sind Energien, die jetzt Ihrem Körper gut tun, die Sie beleben und Ihnen wieder neue Hoffnung geben. Was Ihnen hoffentlich zeigt: Es ist immer falsch, aufzugeben und sich mit scheinbaren körperlichen „Gegebenheiten" abzufinden. Neue gesundheitliche Erkenntnisse werden Sie darin bestärken.

Die Einundzwanzig – Le Monde – Die Welt

Das Bild

Der Kreis der Großen Arkana schließt sich hier. Alles ist eins geworden. Der Mensch, der als unbeschriebenes Blatt, als Null und unschuldiger Narr zur Welt kam, hat eine höhere Stufe seiner Unschuld (siehe seine Nacktheit) erreicht: Aus der Null ist ein Kranz geworden, der Unendlichkeit symbolisiert. Die Verbindung mit dem Rad des Schicksals wird deutlich durch die vier Symbole, die den Kranz umgeben und die vier Elemente darstellen: unten der Stier als Erde und der Löwe als Feuer, oben der Engel als Wasser und der Adler als Luft. Wie beim Rad des Schicksals halten die vier Elemente den Kreislauf am drehen, aber der erleuchtete Mensch steht fest und mit beiden Beinen in der Mitte.

Die Bedeutung

Ihre Bestimmung heißt Erfolg und Glück! Sie haben alles gelernt, sind durch die Aufs und Abs des Lebens gegangen und haben das Leben als aufregendes Spiel erfahren. Deswegen haben Sie die höchste Trumpfkarte des Tarot gezogen. Sie sind am Ziel. Sagen Sie jetzt nicht: „Ich doch nicht!" Denken Sie lieber darüber nach, warum Ihr Unterbewusstsein diese Karte ausgewählt hat, um Ihren momentanen Bewusstseinszustand zu beschreiben. Sehen Sie sich die Karte wieder und wieder an und erkennen Sie: „Das bin jetzt ich!"

▶ **Beruf** Klar haben Sie jetzt Erfolg. Aber Sie sind geistig schon darüber hinaus. Beruf und Karriere sind nicht mehr das Wichtigste in Ihrem Leben. Sie wissen, dass es um viel mehr geht. Jetzt auszusteigen wäre allerdings falsch, denn in der Arbeit finden Sie eine aufregende Spielwiese zum Studium der Lebensgesetze.

▶ **Liebe** Die Zeiten der Gefühlsschwankungen und Streitigkeiten sind vorbei. Sie fühlen sich jetzt vollkommen sicher in Ihrer Beziehung. Ihrem Partner gegenüber strahlen Sie ebenfalls diese Sicherheit aus. Sie vertrauen sich gegenseitig und haben Freude am geben.

▶ **Gesundheit** Sie gewinnen innere Ruhe. Sie wissen, dass kompetente Hilfe da ist, wenn Sie krank sind. Sie wissen auch, dass Sie so schnell nichts umhauen kann. Ihr Körper spiegelt Ihre innere Reife wieder. Sie brauchen sich um Ihre Gesundheit also keine Sorgen zu machen.

Die 56 Karten der vier Sätze

Ging es bei den 22 Trumpfkarten um die menschlichen Urprinzipien, um die Ideen, die der stofflichen Welt zugrunde liegen, dann geht es bei den 56 Karten der vier Sätze um diese stoffliche Welt selbst. Die 4 mal 14 Karten zeigen die kleinen Schritte, die wir tun müssen, um zu immer größerer Erkenntnis zu gelangen. Das Ziel der Kleinen Arkana ist also, durch Erfahren des physischen Lebens die Zusammenhänge zu sehen, bis wir die Gleichheit von Gedanken und materieller Wirklichkeit, also von Innen und Außen erkennen.

Die vier Sätze zeigen vier unterschiedliche Wege der Erkenntnis: den Weg der Feuer-Energie (= Satz der Stäbe), den Weg der Wasser-Energie (= Satz der Kelche), den Weg der Luft-Energie (= Satz der Schwerter) und den Weg der Erd-Energie (= Satz der Münzen). Je nach Lebenssituation werden Sie feststellen, dass Sie einmal die eine und einmal die andere Energie brauchen. Der Tarot hilft Ihnen dabei, herauszufinden, welche Energieform Ihnen momentan am meisten hilft. Wenn Sie zum Beispiel die Stäbe ziehen, dann brauchen Sie deren aktive Energie. Wenn Sie Kelch-Karten haben, sollten Sie Ihre Fantasie und Intuition bemühen und die Dinge an sich herantragen lassen. Manchmal hilft Ihnen auch die Logik der Schwerter und der Geschäftssinn der Münzen.

Wie die drei Siebenerreihen der Großen Arkana stellen auch die vier Sätze der Kleinen Arkana verschiedene Ebenen der menschlichen Wirklichkeit dar und zeigen gleichzeitig Weg und Richtung. Zuerst erleben wir die ungestüme Tatkraft (Stäbe) eines jungen Mannes, die als Ausgleich die sanfte Hingabe (Kelch) einer Frau braucht. Der auf diese Weise erwachsen gewordene Mensch plant und denkt (Schwerter), wodurch er freilich auch Kummer und Sorgen erfährt, denn sein Verstand ist dominant geworden. Erst wenn er gelernt hat, das Leben sinnlich zu erfahren (Münzen), ist er am Ziel angelangt: Er sieht, wie sich alle Gedanken und Vorstellungen in der physischen Welt manifestieren, und erkennt, dass die äußere Realität ein Spiegel der inneren ist.

Die Stäbe

Die Stäbe haben immer mit vitaler Energie zu tun. Sie sind eine Mischung aus dem Gold der Erkenntnis und dem Blau der Intuition. Sie zeigen Sprosse, das heißt: Sie blühen und strotzen vor Kraft. Sie symbolisieren Tatkraft, Anfang, Abenteuer, Optimismus und Selbstvertrauen. Sie deuten immer auf Aktion hin: Ungeduldig packt der Mensch, der eine oder mehrere der 14 Stäbe-Karten gezogen hat, alle Probleme an. Sie symbolisieren die Feuer-Energie und zusammen mit den Schwertern (Luft) das männlich-aktive Prinzip. Erde und Wasser verkörpern das weiblich-empfangende. Die tatkräftige Feuerkraft will natürlich gelebt und ausgedrückt werden. Astrologische Feuerzeichen können das bestätigen. Wird das Feuer nicht in die richtigen Bahnen gelenkt, dann komt es zu einem Energiestau – wie es in der Zehn der Stäbe beschrieben ist.

Die Stäbe beziehen sich auch immer auf die Sexualität. Auch sie soll nach Tarot-Philosophie nicht zurückgehalten werden. Nutzen Sie die Stäbekarten, um sich über Ihre Sexualität Gedanken zu machen. Die Form der Stäbe ist von den Tarot-Malern nicht zufällig dem Phallus nachempfunden worden.

Noch ein Tipp: Blättern Sie einmal den Satz der Stäbe in diesem Buch durch und machen Sie sich mit den verschiedenen Bildern und Energien der Stäbe vertraut: Feuer hat viele Gesichter.

König der Stäbe – Roy de Bastons

Das Bild

Der König ist der erste Mann im Staat, er hat die größte Macht, ihm obliegt aber auch die höchste Verantwortung, eine schwere Bürde. Er stützt sich auf seine Schaffenskraft (Stab in seiner rechten Hand). Die dominierende Farbe seines Gewandes ist das Gold der Erleuchtung, das auf dem Blau der Intuition und Empfindung fußt. Seine Krone ist Teil eines Hutes, der an die liegende Acht, dem Symbol für Unendlichkeit, erinnert: Die Macht des Königs kommt aus seiner höheren Einsicht, ist zeitlos. Er hat die Tatkraft seines Stabes allzeit zur Verfügung.

Die Bedeutung

Alle Symbole dieser Karte deuten auf Tatkraft und Verantwortungsbewusstsein hin. Der König handelt entschlossen und schöpft seine Stärke aus dem Vertrauen in sein inneres Wissen (rot gelbes Gewand).

Bezieht sich die Karte auf Sie selbst, dann ist jetzt die Übernahme von Verantwortung gefragt. Erkennen Sie Ihre innere Stärke und vertrauen Sie Ihrer Dynamik und Intuition. Zeigen Sie anderen Ihren Optimismus, Ihre Tatkraft und Ihr Selbstbewusstsein.

Bezieht sich die Karte auf einen Mitmenschen, dann bestärken Sie ihn in seiner Tatkraft. Lassen Sie sich von ihm mitreißen, arbeiten Sie ihm zu. Achten Sie darauf, dass Sie nicht zum Lakaien dieses „Königs“ werden.

▶ **Beruf** Übernehmen Sie Verantwortung, zeigen Sie, was in Ihnen steckt! Spielen Sie Ihre Neider an die Wand.

▶ **Liebe** Sagen Sie aus vollstem Herzen „Ja“ zu Ihrer Beziehung! Reißen Sie Ihren Partner durch Ihren Optimismus mit!

▶ **Gesundheit** Tun Sie aktiv etwas für Ihren Körper! Nehmen Sie Ihre Gesundheit in Ihre eigene Hand.

Königin der Stäbe – Reine de Bastons

Das Bild

Während der König die nach außen gerichtete Yang-Energie verkörpert, symbolisiert die Königin die nach innen gerichtete Yin-Energie. Alle Symbole dieser Karte belegen diese Ausrichtung der Königin: Das Rotgelb ihres Kleides zeugt von innerer Stärke, das Blau ihrer Ärmel und ihres Throns bedeuten, dass Empfindung und Intuition ihre Handlungen leiten und ihr Halt und sicheres Fundament geben. Im Unterschied zum König ist ihr Stab nicht ein fein verziertes Szepter, sondern ein phallischer Knüppel, der die Tatkraft der Feuer-Energie überdeutlich darstellt.

Die Bedeutung

Energie ist besonders dann kraftvoll, wenn sie eine Kombination aus innerer Stärke (Rotgelb) und Empfindung (Blau) ist. Obwohl sie sanft eingesetzt wird (Königin), ist sie stark wie die Kraft eines jungen Mannes (phallischer Knüppel). Sie ist auf das Praktische gerichtet.

Bezieht sich die Karte auf Sie selbst, dann werden Sie jetzt Glück und Erfolg erfahren. Sie sind oben auf und genießen die Welt als sinnliches Erlebnis. Konzentrieren Sie sich ruhig auf diese Wahrnehmung, empfinden Sie das Glücksgefühl, statt darüber nachzudenken.

Bezieht sich die Karte auf einen, der Ihnen nahe steht, dann erhalten Sie von diesem Menschen jetzt spontane Hilfe. Lassen Sie sich von seiner positiven Energie anstecken, aber fordern Sie nicht zu viel von ihm.

► **Beruf** Man wird auf Sie hören. Was Sie sagen und tun, macht Sinn und bringt das Unternehmen weiter.

► **Liebe** Geben Sie ruhig in Ihrer Beziehung den Ton an – aber so, dass es Ihr Partner nicht als Dominanz empfindet.

► **Gesundheit** Leben Sie sich aus. Freuen Sie sich an Ihrem Körper!

Ritter der Stäbe – Chevalier de Bastons

Das Bild

König und Königin haben die Energie des Feuers (= der Stäbe) in Verantwortung umgesetzt. Der Ritter ist noch so jung und ungestüm, dass er diese Energie in die Welt hinaustragen muss. Dennoch hat er bereits die Eigenschaften des Königspaares. Denn was ihn weiterbringt, ist – wie bei der Königin – sein Empfinden, daher das blaue Pferd. Und was ihn schützt, ist – wie bei König und Königin – die Erfahrung der Feuer-Energie als innere Stärke, was in seinem rot gelben Hemd symbolisiert wird. Ebenfalls auf den Schutz durch die Stäbe-Feuer-Energie weist der Hut hin, der dem des Königs ähnlich ist.

Die Bedeutung

Was von dem Ritter symbolisiert wird, nämlich Abenteuer- und Reiselust, Bewegung und Aktivität, Ehrgeiz und Impulsivität, steckt derzeit auch in Ihnen, will also mit Macht ausgelebt werden. Preschen Sie jedoch nicht umher wie der Ritter auf seinem Ross, heute hier, morgen da, heute dies, morgen das. Balancieren Sie sich aus, indem Sie Empfinden/Gefühl und Tatendrang/Aktivität ins Gleichgewicht bringen.

Bezieht sich die Karte auf einen Menschen in Ihrer Umgebung, dann sollten Sie nicht auf seine Ausdauer bauen: Seine Begeisterung für eine Person oder Sache verfliegt ebenso schnell, wie sie gekommen ist. Geben Sie ihm lieber den Halt, den er noch nicht gefunden hat.

▶ **Beruf** Nutzen Sie Ihre Begeisterungsfähigkeit, packen Sie neue Projekte an, aber lassen Sie sich nicht auf eine Richtung festnageln.

▶ **Liebe** Vorsicht vor übereilten Bindungen. Ihr Enthusiasmus kann sich derzeit rasch einem neuen Menschen zuwenden.

▶ **Gesundheit** Tun Sie etwas mit Ihrer überschäumenden Energie, lenken Sie sie in sportliche Bahnen, sonst wendet sie sich gegen Sie.

Bube der Stäbe – Valet de Bastons

Das Bild

Der Bube muss die Feuer-Energie nicht in Handeln wie der König, in Fühlen wie die Königin oder in Bewegung wie der Ritter umsetzen. Er umfasst die Energie mit beiden Händen und begibt sich damit auf seinen Lebensweg. Er steht mit beiden Beinen auf dem Boden seiner Gefühle und Empfindungen, symbolisiert durch das blaue Erdreich. Seine Kleidung ist wie die der Königin ausgewogen in roten, gelben und blauen Farbtönen, will sagen: Tatkraft, Wissen und Empfinden halten sich die Waage: mehr noch als bei König und Ritter. Gelassen wie der Narr ist er offen für die Welt.

Die Bedeutung

Wie der Bube der Stäbe haben Sie derzeit genug Energien für einen Neuanfang. Das kann eine Stelle oder eine neue Beschäftigung sein, eine neue Beziehung oder eine innere Veränderung. Hören Sie auf Ihre innere Stimme. Vermeintliche Hindernisse existieren nur in Ihrem Kopf. Möglicherweise erhalten Sie von jemand eine Botschaft, eine Information.

Bezieht sich die Karte auf einen Mitmenschen, dann zeigt er einen dynamischen, aber grundehrlichen Menschen an. Bremsen Sie ihn nicht mit Ihrem ach so kritischen Verstand aus.

▶ **Beruf** Wagen Sie den Sprung in eine neue Tätigkeit oder eine neue berufliche Herausforderung!

▶ **Liebe** Sie können sich jetzt leicht verlieben. Lassen Sie sich ruhig darauf ein. Ihr neuer Partner wird von Ihrer Ehrlichkeit und Ihrem Enthusiasmus angezogen.

▶ **Gesundheit** Jetzt ist es an der Zeit, dass Sie endlich die Erfahrung machen, wie beflügelnd es ist, seinen Körper zu betätigen. Wählen Sie einen Sport, der Ihnen wirklich Spaß macht.

X – Zehn der Stäbe

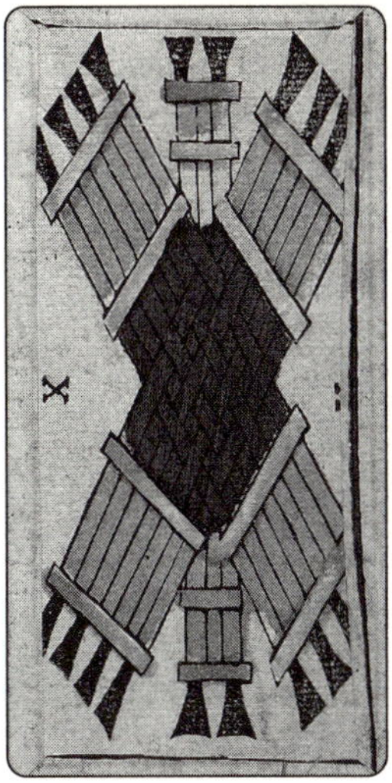

Das Bild

Da kommt verdammt viel Feuer-Energie zusammen in diesem Bündel von Stäben, das auch noch ineinander verwoben ist. Die beiden senkrechten Stäbe stören das harmonische Geflecht der jeweils vier über Kreuz laufenden Stäbe. So stark ist diese Energieansammlung, dass sogar das Rot als Symbol für die Tatkraft blass geworden ist.

Die Aktivität ist durch die Überladung gebremst, sie bringt keine Ergebnisse hervor – wie auf der Karte deutlich sichtbar wird: Wie bei der Neun und der Sieben sprosst und blüht hier gar nichts.

Die Bedeutung

Sie haben sich zu viel zugemutet, zu viele Projekte begonnen, zu viele Aufgaben übernommen und Verantwortung auf sich geladen. Und jetzt geht gar nichts mehr voran. Wenn Sie anderen dafür die Schuld geben, kommen Sie nicht weiter. Ordnen Sie das Chaos, indem Sie den ganzen Wust an Aufgaben in leicht zu realisierbare kleine Schritte und Teilziele aufgliedern, und gehen Sie dann eins nach dem anderen an.

Bezieht sich die Karte auf einen anderen Menschen, dann helfen Sie ihm, Ordnung in sein Leben zu bringen. Der Bedauernswerte sieht den Wald vor lauter Bäumen nicht mehr. Da haben Sie es als Außenstehender viel leichter.

▶ **Beruf** Lassen Sie sich jetzt bloß nicht noch mehr aufhalsen. Erledigen Sie lieber das, was anliegt, behutsam und der Reihe nach.

▶ **Liebe** Sie können nicht auf allen Hochzeiten gleichzeitig tanzen. Übertragen Sie mehr Verantwortung auf Ihren Partner.

▶ **Gesundheit** Ihr oberstes Gebot heißt jetzt Ruhe und Entspannung, egal wie stark Sie unter Stress stehen!

VIIII – Neun der Stäbe

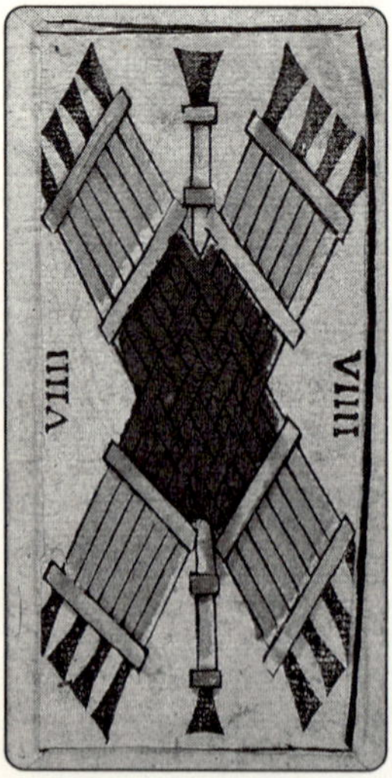

Das Bild

Wieder ist die Balance gestört: Die jeweils vier Stäbe (vier ist die Zahl der Elemente und der Tarot-Kartensätze) sind aus dem Gleichgewicht gebracht. Wie bei der Zehn stört immer noch ein senkrecht laufender Stab das harmonische Geflecht der beiden Vierergruppen, sticht hinein in die Verflechtung wie ein Messer. Die Folge: Die rote Feuer-Energie verblasst, nichts sprosst und gedeiht.

Die Bedeutung

Sie stossen derzeit auf Widerstand. Und das bringt Sie aus dem Gleichgewicht. Sie haben das Gefühl, nicht weiter zu kommen. Möglicherweise mussten Sie sogar einige Rückschläge einstecken. Betrachten Sie Ihre derzeitige Situation: Sehen Sie überall Feinde, dann prüfen Sie nach, ob Ihre Sehweise der Wirklichkeit entspricht, oder ob Sie vielleicht aus einer Überlastung heraus, die Dinge schwärzer sehen als sie sind. Widerstände gehören genauso zum Leben wie Kritik und Meinungsverschiedenheit. Erst wenn Sie daraus Feindschaft machen, wird das Leben unerträglich.

Bezieht sich die Karte auf einen Mitmenschen, dann machen Sie ihm jetzt klar, dass Sie ihn auch dann lieben, wenn Sie einmal nicht seiner Meinung sind. Helfen Sie ihm auch, ein realistisches Bild seiner gegenwärtigen Lage zu malen – ohne Feindbilder und Verfolgungswahn.

▶ **Beruf** Es geht nicht immer alles glatt im Leben. Nehmen Sie Widerstand und Kritik als etwas Konstruktives.

▶ **Liebe** Zur Zeit ist nicht die große Harmonie angesagt. Statt darüber zu jammern und die gesamte Beziehung in Frage zu stellen, akzeptieren Sie es lieber!

▶ **Gesundheit** Wenn sich Ihr Körper wehrt, sollten Sie ihm dankbar sein: Er verhindert dadurch ernste Erkrankungen und dämpft den Stress.

VIII – Acht der Stäbe

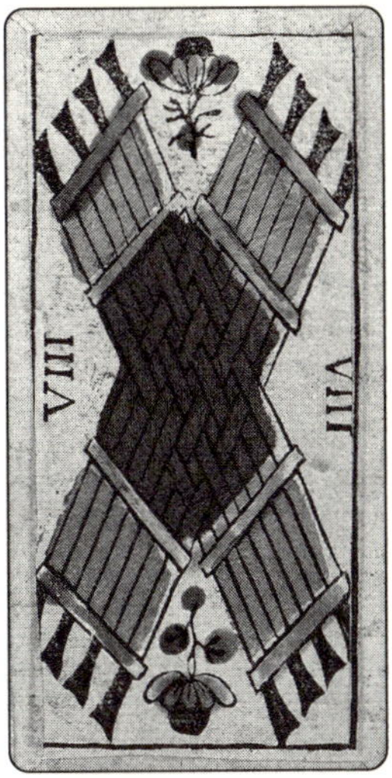

Das Bild

Die Stäbe sind im Gleichgewicht und weisen damit auch auf die Acht der Großen Arkana, die Gerechtigkeit hin. Die beiden Vierergruppen der Stäbe verbinden die vier Himmelsrichtungen im Gleichmaß und lassen so die Feuer-Energie zur Geltung kommen: Das Rot leuchtet wieder. Die Energie schafft Ergebnisse, ist fruchtbar, was in den Blumen und Blüten auf der Karte sichtbar wird.

Die Bedeutung

Die Verwirrung der Zehn und der Neun der Stäbe ist überwunden. Sie setzen Ihre Kräfte jetzt zielgerichtet und harmonisch ein. Sie erzielen Fortschritte. Werden Sie jetzt bloß nicht ungeduldig, weil es Ihnen zu lange dauert, bis Sie einen Abschluss erzielen. Lassen Sie die Dinge wirken, sie sind im Gleichgewicht. Konzentrieren Sie sich lieber darauf, zu erkennen, welche Teilziele Sie bereits erreicht haben, und gehen Sie unbeirrt Schritt für Schritt weiter.

Bezieht sich diese Karte auf einen Mitmenschen, dann erkennen Sie ihn dafür an, dass jetzt wieder Ruhe und Ordnung in sein Leben gekehrt ist. Ermuntern Sie ihn, in dieser ruhigen, ordnenden Weise fortzufahren. Wenn ihn seine Ungeduld frustriert, halten Sie ihm vor Augen, wie nah am Ziel er in Wirklichkeit bereits ist.

▶ **Beruf** Jetzt zählen Ausdauer und Zuversicht. Sie sind über dem Berg. Gefährden Sie Ihren zu erwartenden Erfolg nicht durch Ungeduld und voreilige Fehler.

▶ **Liebe** Die Unwetter sind vorüber. Die Sonne lugt bereits wieder hinter den Wolken hervor. Bewahren Sie jetzt Ruhe und Ausgeglichenheit.

▶ **Gesundheit** Ihr Körper beruhigt sich. Wenn Sie krank waren, hat der Heilungsprozess bereits eingesetzt.

VII – Sieben der Stäbe

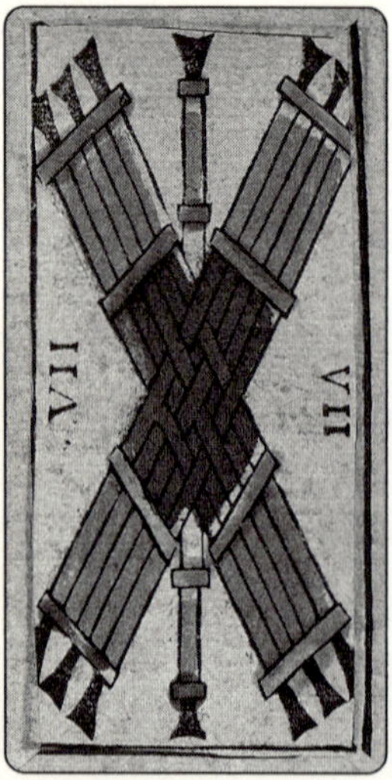

Das Bild

Noch einmal in diesem Tarotkarten-Satz ist ein Ungleichgewicht da: Das harmonische Bild der einander kreuzenden Dreierreihen ist von einem Stab gestört. Jede Störung ist eine Behinderung, und so kann nichts blühen und gedeihen. Aber da ist auch Hoffnung: In dieser letzten kämpferischen Stäbe-Karte zeigt sich bereits der Weg in den Erfolg an. Die folgenden Karten strotzen nur so vor Fruchtbarkeit und Blüte.

Die Bedeutung

Bevor es richtig steil nach oben geht, müssen letzte Unklarheiten beseitigt und Konflikte gelöst oder beigelegt werden. Die jetzige Problembewältigung wird für Sie wie eine Befreiung wirken, nach der Sie voller Kraft und Elan aktiv werden. Überlegen Sie jetzt die Reihenfolge, in der Sie die verbleibenden Probleme anpacken wollen. Ihre Kraft ist stark genug, um alle Schwierigkeiten spielerisch zu beseitigen!

Wenn sich die Karte auf einen Ihnen Nahestehenden bezieht, dann unterstützen Sie ihn bei seinem Klar-Schiff-Machen. Ermutigen Sie ihn, seiner Kraft zu vertrauen.

▶ **Beruf** Klären Sie Ihre Situation. Sie sind jetzt jeder Konfrontation gewachsen. Die anderen spüren Ihre Kraft.

▶ **Liebe** Diskutieren Sie die letzten Missverständnisse aus. Vergeben Sie einander, wenn es etwas zu vergeben gibt. Denn vor Ihnen liegen goldene Zeiten.

▶ **Gesundheit** Gehen Sie Ihre kleinen Wehwehchen an. Sorgen Sie Schritt für Schritt dafür, dass Sie kerngesund werden.

VI – Sechs der Stäbe

Das Bild

Die Kämpfe sind vorbei. Das Gleichgewicht ist wieder hergestellt. Schon bei einem ersten, flüchtigen Blick auf die Karte fällt deren Harmonie auf, scheint es, als sei die gesamte Karte eine harmonische Vierheit.

In perfekter Symmetrie fügen sich die beiden Dreierreihen der Stäbe für ein ausgewogenes X ineinander, die vier Enden zeigen zu den vier Ecken der Karte. Und rundherum beginnt es frühlingshaft zu blühen und zu sprießen – die vier Blumen als Symbol für die ewige Balance der vier Elemente (der vier Himmelsrichtungen).

Die Bedeutung

Sie haben jetzt allen Grund zum Feiern. Sie sind aus allen Ihren Kämpfen als Sieger hervorgegangen und ernten jetzt die Früchte Ihrer Anstrengungen. Neben Ihrem Erfolg haben Sie möglicherweise sogar noch Besitz erworben. Zeigen Sie Ihren Freunden Ihr Erfolgsrezept: Wie man optimistisch bleibt, auch wenn sich Hindernisse vor einem auftun.

Bezieht sich die Karte auf einen Mitmenschen, dann sollten Sie ihn einmal als Ihren Lehrmeister betrachten. Lernen Sie von seinem Vertrauen und seinem Optimismus. Bauen Sie auch für sich diese innere Stärke auf. Und bitte feiern Sie mit ihm!

▶ **Beruf** Sie haben geschafft, was Sie sich immer vorgenommen hatten. Vor anderen und sich selbst haben Sie damit alle Zweifel beseitigt.

▶ **Liebe** Und Sie hatten schon geglaubt, es gibt kein „happy end"! Feiern Sie miteinander. Sie haben sich Ihr glückliches Ende selbst geschaffen.

▶ **Gesundheit** Sie sind nicht „zufällig" kerngesund. Sie haben hart an sich gearbeitet, indem Sie Versuchungen beim Essen widerstanden, sich zum Sport getrieben und sich gesund erhalten haben.

V – Fünf der Stäbe

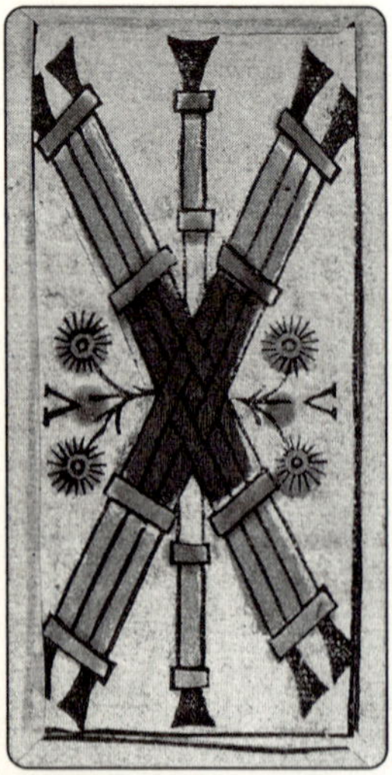

Das Bild

Jetzt drängelt sich schon wieder ein Stab in die goldene Harmonie, aber offenbar hat er dieses Mal keinen störenden Einfluss. Denn die Blumen, die aus der Stäbe-Energie sprießen, sind zwar nur zwei an der Zahl, aber sie tragen vier symmetrische Blüten, die vielleicht Dornen haben mögen, aber doch aussehen wie kleine Sonnen – was ja das Hauptsymbol für die Feuer-Energie ist. Das heißt, die Störung des Gleichgewichts durch den einen Stab ist spielerisch, sie beeinträchtigt das Wachstum nicht, sie erzeugt nur ein anderes Ergebnis (nämlich) wunderschöne Dornenblumen.

Die Bedeutung

Konzentrieren Sie sich auf die Erfolge, die schon aus Ihrer Kraft (Stäbe=Feuer-Energie) entstanden sind, und setzen Sie diese Energie ganz spielerisch auch bei dem jetzt aufgetauchten Hindernis ein. Sie werden sehr schnell spüren, dass um Sie herum neue Blumen des Erfolgs wachsen.

Hat ein Ihnen Nahestehender die Fünf der Stäbe gezogen, dann helfen Sie ihm, auf die neue Situation nicht wütend oder ängstlich zu reagieren. Erinnern Sie ihn, als wie stark Sie ihn empfinden und stärken Sie damit sein Selbstvertrauen.

► **Beruf** Ziehen Sie keine vorschnellen Schlüsse, nur weil gerade ein Hindernis auftaucht. Man will nur sehen, wie stark Sie sind.

► **Liebe** Ihre Zuneigung zu Ihrem Partner ist viel zu stark, als dass Sie sie von einem kleinen Missverständnis schmälern lassen.

► **Gesundheit** Sie brauchen keine Angst zu haben, dass die Beschwerden, die jetzt auftauchen, einen ernsten Hintergrund haben. Kurieren Sie sich einfach aus!

IIII – Vier der Stäbe

Das Bild

Die Schöpfung feiert ihre eigene Schönheit und ihre eigene Harmonie. Wieder sticht die „Vierheit“ ins Auge, nicht nur, weil wir auf dieser Karte vier Stäbe in perfekter symmetrischer Verstrickung und Ausrichtung vor uns haben, sondern auch weil sie von vier verspielten Blumen in optischer Balance gehalten werden. Alles schwingt im Gleichklang, eine kosmische Feier.

Die Bedeutung

Die ersten vier Karten jedes Tarot-Satzes richten unseren Fokus immer auf das Innen: So harmonisch und im Gleichgewicht, wie Sie sich derzeit fühlen, waren Sie schon lange nicht mehr. Wenn dieser Satz auf Sie nicht zuzutreffen scheint, dann sehen Sie sich Ihre Lebenssituation einmal genauer an. Erkennen Sie das Glück, das aus den vielen kleinen harmonischen Begebenheiten des Alltags besteht. Erkennen Sie den Erfolg und die Beliebtheit bei anderen, die Sie sich erarbeitet haben. Freuen Sie sich darüber und teilen Sie diese Freude mit anderen.

Bezieht sich diese Karte auf einen Mitmenschen, dann freuen Sie sich jetzt mit ihm. Lassen Sie sich anstecken von seiner Zufriedenheit. Erkennen Sie die kleinen Freuden an, die Sie sich gegenseitig bereiten.

▶ **Beruf** Genießen Sie ruhig einmal Ihre Popularität, die sich in so vielen kleinen Gesten niederschlägt. Geben Sie mal wieder einen aus!

▶ **Liebe** Kleine Geschenke erhalten die Freundschaft. Verwöhnen Sie Ihren Partner mit kleinen Freuden und genießen Sie das, was er Ihnen schenkt.

▶ **Gesundheit** Machen Sie sich bewusst, wie gesund und rüstig Sie sind. Ihre Wehwehchen können Sie nicht darüber hinwegtäuschen, dass Sie topfit sind.

III – Drei der Stäbe

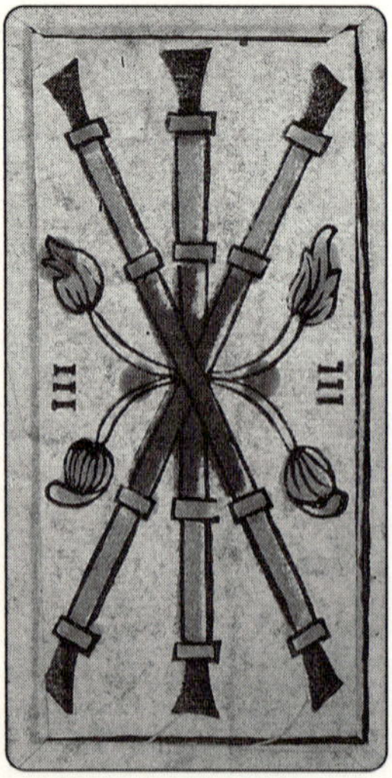

Das Bild

Die Vier symbolisiert die kosmische Harmonie, das Gleichgewicht der Elemente und Kräfte. Die Drei steht für die Vollendung, die Dreieinigkeit, die Synthese von Eins und Zwei, also von Mann und Frau. Auf der Karte ist diese Vollendung durch die Symmetrie der drei Stäbe und die daraus erwachsenden vier Blumen dargestellt.

Auch hier haben wir wieder eine Vollendung vor uns: die Pflanze, deren Blüten gleich in perfekter Harmonie aufgehen werden.

Die Bedeutung

Wenn sich Ihre Feuer-Energie jetzt nach innen wendet, bedeutet das Erfolg. So wie Sie im Außen jetzt, eingedenk Ihrer inneren Harmonie, neue Unternehmungen und Beziehungen eingehen können, so können Sie auch im Inneren neue Aspekte Ihrer Persönlichkeit erforschen und kennen lernen. Lassen Sie sich dabei von Ihren Gefühlen und Fantasien leiten.

Hat ein Ihnen Nahestehender die Drei der Stäbe gezogen, dann sollten Sie sich bewusst machen, dass er jetzt in neue Bereiche vorstoßen will. Ihn davon abzuhalten, wird Ihnen nicht gelingen.

▶ **Beruf** Ergreifen Sie die Initiative, gehen Sie neue Dinge an! Sie haben so viel Erfolg in Ihren Unternehmungen und Beziehungen, dass Sie ruhig etwas wagen können.

▶ **Liebe** Wer rastet, der rostet. Dieser Satz trifft vor allen Dingen auf eine Partnerschaft zu. Erweitern Sie jetzt Ihren Bekanntenkreis!

▶ **Gesundheit** Sie wollen mit Ihrer Gesundheitsvorsorge noch einen Schritt weiter gehen? Jetzt ist der richtige Zeitpunkt dazu! Probieren Sie neue Sportarten, Diäten und Verhaltensweisen.

II – Zwei der Stäbe

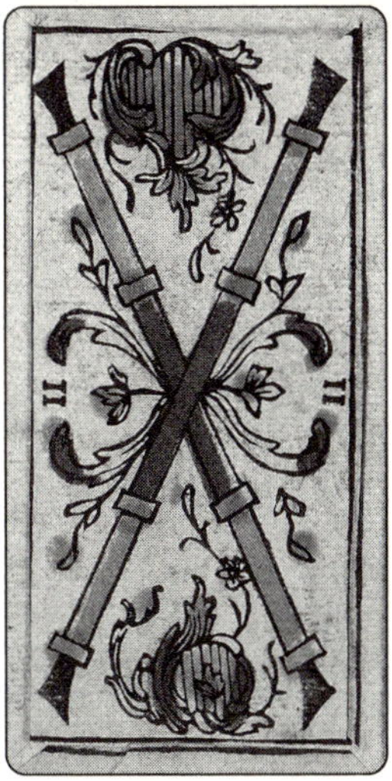

Das Bild

Die Feuer-Energie der Stäbe manifestiert sich auf dieser Karte in verspielt-kreativer Form. Die Zahl Zwei als Symbol der weiblichen, empfangenden Yin-Energie deutet bereits darauf hin. Wo sich diese Energie frei entfalten kann, da entsteht Schöpfung, Kreation. Die bunte Farbenpracht der Blumen mit ihren geschwungenen Blättern und vollen Blüten steht sinnbildlich für diese Kraft. Im Gegensatz zur Drei der Stäbe geht es hier nicht um neue Unternehmungen und Erfahrungen, sondern um die Kreativität. Die Feuer-Energie drängt darauf, künstlerisch-schöpferisch ausgedrückt zu werden.

Die Bedeutung

Halten Sie jetzt Ihre Energie nicht zurück. Setzen Sie sie kreativ um. Erschaffen Sie etwas. Das muss nicht unbedingt im künstlerischen Bereich sein. Sie können auch handwerken, Ihre Wohnung verschönern, sich neue Kleidung zusammenstellen oder Ihren Garten neu gestalten.

Bezieht sich die Karte auf einen Mitmenschen, dann sollten Sie ihn auf keinen Fall in seiner Kreativität bremsen. Die Energie, die dieser Mensch nicht ausdrücken kann, schlägt dann auf Sie zurück. Er wird frustriert sein und seinen Frust an Ihnen auslassen. Vielleicht können Sie ja Teil der kreativen Eskapaden sein.

▶ **Beruf** Suchen Sie nach kreativen Lösungen. Halten Sie sich nicht zurück. Je mehr Sie sich einbringen, desto zufriedener werden Sie.

▶ **Liebe** Brechen Sie aus dem Alltag aus. Spielen Sie miteinander, gehen Sie auf Abenteuersuche. Seien Sie miteinander wie Kinder.

▶ **Gesundheit** Gehen Sie einmal kreativ an Ihre Beschwerden heran. Finden Sie heraus, welche psychischen Ursachen dahinter stecken könnten. Probieren Sie neue Wege aus, mit den Beschwerden umzugehen.

Ass der Stäbe

Das Bild
Das ist die Kraft an sich. Die Feuer-Energie des Stabes bestimmt das gesamte Bild. Sie ist auf dem Höhepunkt angelangt. Jetzt sehen wir zum ersten Mal, woher diese Kraft stammt: Sie stammt von der göttlichen Energie des Kosmos, die uns die Energie wie den Stab eines Staffelläufers übergibt.

Die Energie dieser golderleuchteten Hand ist so stark, dass göttlicher Tau wie Samen auf die Erde tropft. Damit schließt sich der Kreislauf der Energie: Das göttliche Licht gibt uns so viel Lebensenergie, dass sie überströmt und die Erde (= das Leben) fruchtbar macht.

Die Bedeutung
Lassen Sie die Energie frei fließen. Sehen Sie genau auf die Karte: Die Energie kann gar nicht versiegen, wenn wir sie durch uns hindurchströmen und sie auf unser Leben fallen lassen. Und zwar auf alle Lebensbereiche. Wenn Sie sich dem Strom frei hingeben, wird er sich auf Ihr gesamtes Leben ergießen, auf Ihre Partnerschaft genauso wie auf Ihren Arbeitsplatz, auf Ihr Bankkonto genauso wie auf Ihr Bett.

Hat ein Ihnen Nahestehender diese Karte gezogen, dann werden Sie in seiner Umgebung viel Freude haben. Denn er wird Sie an seiner Lebensfreude gerne teilhaben lassen.

▶ **Beruf** Hören Sie auf, sich zurückzunehmen. Zeigen Sie, was wirklich in Ihnen steckt. Halten Sie Ihre Energien nicht länger zurück.

▶ **Liebe** Liebe ist, seine Zuneigung ohne Wenn und Aber mitzuteilen, ohne sie in Rechnung zu stellen. Tun Sie das jetzt!

▶ **Gesundheit** Sehen Sie vor Ihrem geistigen Auge, wie Licht Ihren ganzen Körper von Kopf bis Fuß durchflutet, und spüren Sie, wie es Ihren ganzen Körper entspannt und mit Energie auflädt.

Die Kelche

Die Stäbe zeigten das aktive Einsetzen der Lebensenergie. Bei den Kelchen geht es um das Aufnehmen und Empfangen dieser Kraft. Das hat nichts mit Passivität zu tun, sondern meint bewusstes Erfahren und inneres Erleben dieser Energie – ein Vorgang, der durchaus als aktiv bezeichnet werden kann. Denn Fantasie, Gefühl, Kreativität und Intuition sind hier gefragt, vor allem aber Liebe. „Kelche"-Menschen erfahren Liebe und geben sie weiter.

Wenn Sie bei Ihrer Befragung des Tarot einmal eine Abfolge von Kelchen, Stäben, Schwertern und Münzen haben, dann sehen Sie die ideale Entwicklung vor sich: Der Mensch empfängt Energie (Kelche), setzt sie um (Stäbe), kanalisiert und ordnet sie (Schwerter) und nutzt sie für die stoffliche Welt, womit er zu Erfolg und Reichtum kommt (Münzen).

Die Kelche symbolisieren die Wasser-Energie und das weiblich-empfangende Prinzip. Wasser will fließen. Wasser ist der Saft des Lebens. Daher kann es auch zu psychischen Störungen – dem Wasser entspricht beim Menschen die Psyche – kommen, wenn Wasser zurückgehalten wird. In der Zehn der Kelche sehen Sie einen solchen Fall. Auch die Neun ist ein Negativbeispiel: Wer voller Selbstgefälligkeit auf seine kreativen Talente blickt, sie aber nicht ausdrückt, der stagniert.

Wasser hat immer mit Gefühlen und mit Liebe zu tun. Der Tarot fordert den Menschen auf, seine Gefühle anzuerkennen und auszudrücken. Wenn Sie eine Kelche-Karte gezogen haben, sollten Sie daher immer über Ihre Gefühle nachdenken – oder über Ihre weibliche Seite. Leben Sie sie aus. Nur mit Schwertern und Stäben werden Sie auf Dauer im Leben nicht weiterkommen.

König der Kelche – Roy de Coupes

Das Bild

Der König repräsentiert größte Reife und höchste soziale Verantwortung. Vor ihm steht das zu einem übergroßen Kelch gewordene Szepter und vereinigt Feuer (= Tatkraft) mit Wasser (= Aufnahme). Eine ähnliche Balance sehen wir in seiner Kleidung: Die dominierende Farbe seines Gewandes ist das Gold der Erleuchtung, das auf dem Blau der Intuition und Empfindung fußt und vom Rot der Tatkraft umgeben ist. Seine Krone ist Teil eines Hutes, der an die liegende Acht, das Symbol für Unendlichkeit, erinnert: Die Macht des Königs kommt aus seiner höheren Einsicht.

Die Bedeutung

Vertrauen Sie Ihren Gefühlen und Ahnungen, Ihrer Intuition und Fantasie, die Sie bereits zu solchen Höhen von Erfolg und Einfluss gebracht haben. Sie stehen auf einem goldenen Teppich, und die weißen Stellen darauf sind die Bereiche, in denen Sie noch nicht aktiv geworden sind. Seien Sie bereit, diese neuen Felder der Erfahrung werden auf Sie zukommen.

Bezieht sich die Karte auf einen Mitmenschen, dann ermuntern Sie ihn, weiter seiner Intuition zu folgen. Lassen Sie sich von ihm anstecken und schenken auch Sie Ihrer inneren Stimme mehr Gehör – es wird sich bestimmt lohnen.

▶ **Beruf** Übernehmen Sie soziale Verantwortung und vertrauen Sie auch in beruflichen Entscheidungen Ihren Gefühlen.

▶ **Liebe** Zeigen Sie Ihrem Partner durch die Zuneigung, die Sie ihm offen entgegenbringen, wie sehr er Teil Ihres Lebens ist.

▶ **Gesundheit** Vertrauen Sie ruhig einmal anderen, etwas für Ihren Körper zu tun. Lassen Sie sich pflegen und verwöhnen.

Königin der Kelche – Reine de Coupes

Das Bild

Der König der Kelche hat Liebe und soziale Verantwortung gegeben und verströmt, die Königin dagegen ruht in sich, in ihren Händen hält sie Szepter (Stab) und Kelch. Alle Symbole dieser Karte deuten auf innere Balance hin: Gold beherrscht das Bild der Königin. Es ist Teil ihres Kleides, ihres Kopfes und ihres Thrones. Das Blau ihres Unterkleids bedeutet, dass Empfindung und Intuition sie umgeben und ihre Handlungen leiten. Im Unterschied zum König ist ihr Kelch in seiner Form klarer: Man erkennt sofort, dass er zur Aufnahme, zum Empfangen dient.

Die Bedeutung

Ausgeglichenheit zwischen Tatkraft und schöpferischer Fantasie führt immer zum Erfolg. Weil die Königin die Familie repräsentiert, weist sie auch auf das Feld hin, in dem Sie jetzt Glück und Erfolg erfahren. Sie fühlen in sich eine starke Liebe zu allem, was Sie tun. Empfinden Sie das Glücksgefühl und lassen Sie die Liebe fließen.

Bezieht sich die Karte auf einen, der Ihnen nahe steht, dann erfahren Sie von diesem Menschen jetzt tiefe Liebe. Akzeptieren Sie, dass dieser Mensch auch andere und anderes liebt. Schränken Sie ihn daher nicht ein, sondern geben Sie ihm lieber das Gefühl von Freiheit.

▶ **Beruf** Man mag Sie einfach gern. Ihre Mitarbeiter fühlen sich zu Ihnen hingezogen. Sie sind der Garant von Harmonie an Ihrem Arbeitsplatz – und das bringt Sie und das Unternehmen weiter.

▶ **Liebe** Eine Zeit großer Liebe und stillen Glücks. Es macht Ihnen Spaß, diese Freude gemeinsam zu erleben.

▶ **Gesundheit** Sie fühlen sich wohl in Ihrem Körper! Ein warmes Gefühl von Gesundheit und Zufriedenheit durchströmt Sie.

Ritter der Kelche – Chevalier de Coupes

Das Bild

Der Ritter muss die Energie des Wassers in die Welt hinaustragen. Er ist zwar noch jung und ungestüm, dennoch hat er bereits die Eigenschaften des Königspaares. Was ihn weiterbringt, ist – wie bei der Königin – sein Empfinden, daher das blaue Pferd und der blaue Umhang. Und was ihn Erfolg haben lässt, ist – wie bei König und Königin – die Balance zwischen Empfinden (= Wasser-Energie) und Tat (= Feuer-Energie), die in seinem rot-gelben Hemd symbolisiert wird. Und noch eins: Der Ritter strotzt so vor Zuversicht und Selbstvertrauen, dass er keine schützende Kopfbedeckung braucht.

Die Bedeutung

Abenteuer- und Reiselust, Bewegung und Aktivität, Neugierde und Wissensdurst wollen jetzt ausgelebt, schöpferische Fantasie (Kelch) im Äußeren ausgedrückt werden. Allerdings sollten Sie dabei Empfinden/Gefühl und Tatendrang/Aktivität ins Gleichgewicht bringen. Übernehmen Sie Verantwortung!

Bezieht sich die Karte auf einen Menschen in Ihrer Umgebung, dann sollten Sie ihm helfen, Mittel und Wege zu finden, wie er seine schöpferische Fantasie ausdrücken kann. Versuchen Sie, seine Energie auf ein Ziel hin auszurichten, und ermutigen Sie ihn, Verpflichtungen einzugehen und Verantwortung zu übernehmen.

▶ **Beruf** Bringen Sie Ihre Kreativität ein und nutzen Sie Ihre Begeisterungsfähigkeit. Übernehmen Sie Verantwortung.

▶ **Liebe** Halten Sie sich nicht zurück. Folgen Sie Ihren Inspirationen, die Ihre Partnerschaft oder das Kennenlernen neuer Partner betreffen.

▶ **Gesundheit** Drücken Sie Ihre überschäumende Energie körperlich aus. Kreativität kann auch im physischen Bereich ausgelebt werden.

Bube der Kelche – Valet de Coupes

Das Bild

Der Bube geht leicht und locker mit der Wasser-Energie um: Er hat den Becher schon parat, in den er jederzeit bei Bedarf das Wasser aus dem Kelch gießen kann. Er steht mit beiden Beinen auf dem Boden seiner Gefühle und Empfindungen, symbolisiert durch das blaue Erdreich. Und wo er auftritt, beginnt es zu blühen. Seine Kleidung ist ausgewogen in roten, gelben und blauen Farben, wobei die hellen Töne im Gegensatz zu König, Königin und Ritter überwiegen. Was bedeutet dies? Tatkraft, Wissen und Empfinden halten sich die Waage.

Die Bedeutung

Sie sollten jetzt offen und ohne Angst Ihren Fantasien und Wünschen nachgehen. Sie haben derzeit so viel Liebe und Vertrauen in sich, dass Sie vorurteilslos auf eine Entdeckungsreise in Ihr Inneres starten können. Erfahren Sie Ihren inneren Reichtum für sich selbst. Vielleicht gibt er Ihnen eine neue Richtung für Ihren weiteren Lebensweg.

Bezieht sich die Karte auf einen Mitmenschen, dann zeigt er einen besonnenen Menschen an, der gerade auf der Suche nach sich selbst ist. Geben Sie ihm den Raum dafür. Schränken Sie ihn nicht ein.

▶ **Beruf** Ziehen Sie sich ein wenig zurück. Lassen Sie sich von Ihren Kollegen oder Mitarbeitern nicht in die Ecke drängen. Gehen Sie keine Verpflichtungen ein.

▶ **Liebe** Man verliebt sich jetzt leicht in Sie. Gehen Sie vorsichtig damit um, denn jetzt steht erst einmal die Selbstfindung auf Ihrem Programm.

▶ **Gesundheit** Gesundheit beginnt immer im Kopf. Jetzt ist es an der Zeit, dass Sie in Gedanken Ihren Körper mit Licht und Liebe erfüllen und so eine innere Erneuerung beginnen.

X – Zehn der Kelche

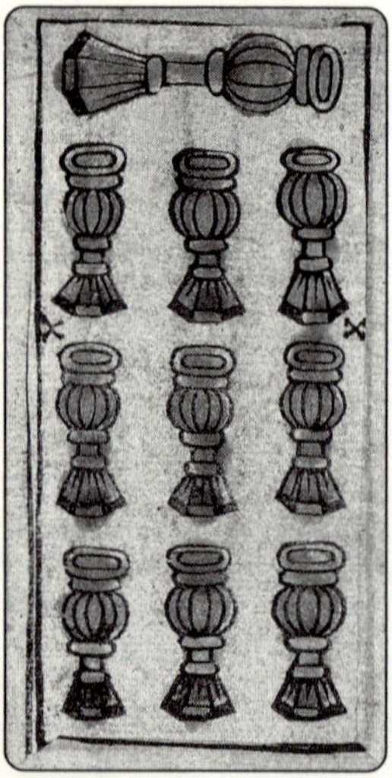

Das Bild

Zehn Kelche sollten eigentlich ein Übermaß an kreativer Energie bedeuten, aber die Karte wirkt tot und leblos. Außer auf den Kelchen selbst finden sich keine Farben, keine Blumen: Die Wasser-Energie ist auf eine statische Ansammlung eingeschränkt, sie befindet sich in den verschlossenen Behältern und bringt keine Ergebnisse hervor – wie auf der Karte deutlich sichtbar wird: Der zehnte Kelch schließt die drei Dreierreihen ab wie ein Deckel auf einem Krug. Wie bei der Neun, der Acht und der Sieben sprosst und blüht hier gar nichts.

Die Bedeutung

Sie haben zwar Kreativität, Intuition, Inspiration und Fantasie in Hülle und Fülle, und das bedeutet auch Glück und Erfolg, aber Sie setzen diese Kräfte nicht fruchtbringend ein. Sie haben vergessen, Ihre Energien zum Wohle aller einzusetzen, sollten sich also aus Ihrem glücklichen Schneckenhaus herausbewegen und Ihre inneren Gaben nach außen bringen. Sonst laufen Sie Gefahr, dass die Realität außen vor bleibt.

Bezieht sich die Karte auf einen anderen Menschen, dann helfen Sie ihm, seine kreativen Energien nutzbringend einzusetzen. Ermutigen Sie ihn, aus sich herauszugehen und das vorhandene reiche schöpferische Potential zum Leben zu erwecken.

▶ **Beruf** Bringen Sie jetzt Ihre Kreativität ein. Glauben Sie nicht, dass Sie, weil Sie Erfolg haben, alles für sich behalten können.

▶ **Liebe** All die Liebe, die in Ihnen steckt, will gelebt und geteilt werden. Öffnen Sie den Deckel und lassen Sie die Liebe frei verströmen.

▶ **Gesundheit** Zurückgehaltene Energie verfestigt sich im Körper als Blockade. Lassen Sie los. Werden Sie körperlich aktiv!

VIIII – Neun der Kelche

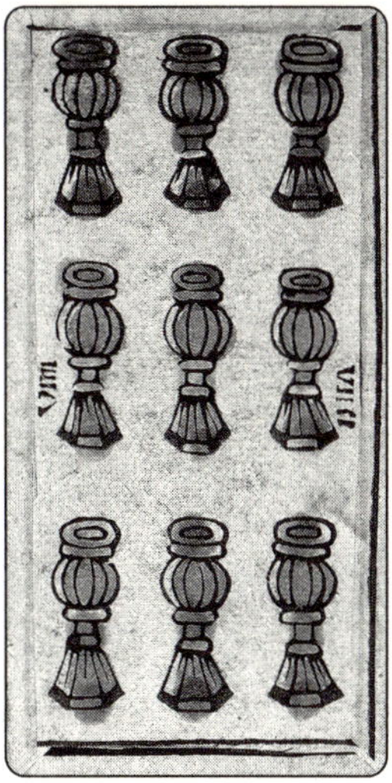

Das Bild

Das sieht sehr nach Harmonie und Eintracht aus: Die drei Dreierreihen der Kelche sind symmetrisch angeordnet. Alles bestens, heile Welt. Trotzdem stellt sich bei der Betrachtung der Karte keine Begeisterung ein. Die neun Kelche wirken zu statisch, zu langweilig. Nichts lenkt von ihnen ab, nichts wächst und gedeiht. Fast scheint es, als erdrücke die übertriebene Harmonie jeden Keim neuen Lebens. Ein Paradies der Eintönigkeit.

Die Bedeutung

Sie sind derzeit zu selbstgefällig. Sie haben viel erreicht, Sie sind zufrieden und strahlen dieses Gefühl auch aus. Aber wozu? Es rührt sich nichts mehr, es geht nichts mehr vorwärts. Denken Sie daran, wieder etwas Leben in die Bude zu bringen, sonst erschlaffen Sie trotz Ihrer reichen schöpferischen Energie.

Bezieht sich die Karte auf einen Mitmenschen, dann machen Sie ihm jetzt klar, dass Sie seinen Erfolg durchaus bewundern und ihm auch eine Phase der satten Zufriedenheit gönnen. Wenn Ihnen die Situation zu langweilig wird, dann melden Sie ganz zart und behutsam an, dass Sie sich mehr Aktivität wünschen.

▶ **Beruf** Es ist nichts dagegen einzuwenden, dass Sie zufrieden auf Ihre Arbeitsergebnisse blicken, aber seien Sie nicht zu selbstgefällig.

▶ **Liebe** Glück, Eintracht und Erfüllung. Genießen Sie die derzeitige Harmonie mit sich selbst und Ihrem Partner.

▶ **Gesundheit** Sie fühlen sich wohl in Ihrer Haut, auch im buchstäblichen Sinne. Achten Sie darauf, nicht zu viel Gewicht zuzulegen.

VIII – Acht der Kelche

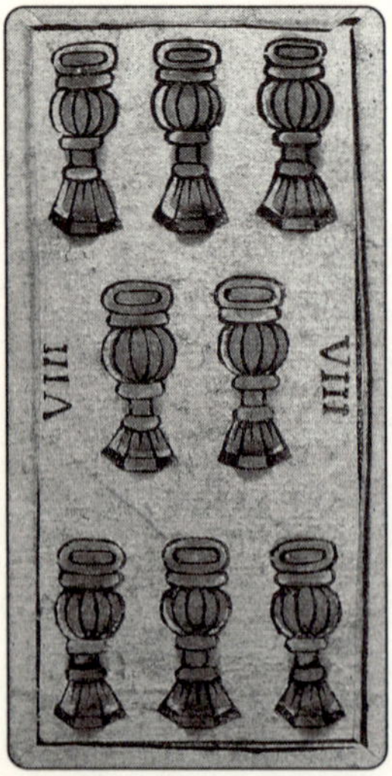

Das Bild

Erinnern Sie sich an die Acht der Großen Arkana? Es ist die Gerechtigkeit, die ausbalanciert, was im Ungleichgewicht war. Und das trifft auch auf die Acht der Kelche zu. Das Übermaß der Neun und Zehn der Kelche an kreativer Energie führte fast zu einer Lähmung aus Bequemlichkeit, zu einer selbstzufriedenen Harmonie, die jetzt durch die beiden Kelche in der Bildmitte aufgebrochen wird. Zwei Dreier-Reihen und ein Paar sorgen für Bewegung. Neue Kombinationen sind möglich. Und tatsächlich geht es bei dieser Karte um den Aufbruch in eine neue Phase.

Die Bedeutung

Der Stillstand der Zehn und der Neun der Kelche ist überwunden. Es rührt sich wieder was. Sie verlassen eine alte, vertraute Situation. Dabei können Sie auf Ihre Intuition bauen. Bringen Sie aber vorher Ihre Beziehungen, Projekte und Arbeiten zu einem gelungenen und harmonischen Abschluss. Nehmen Sie sich dafür Zeit, bevor Sie auf Ihrem Lebensweg weiter gehen.

Bezieht sich diese Karte auf einen Mitmenschen, dann helfen Sie ihm, die jetzt folgende Veränderung vorzubereiten. Wenn er Angst davor hat, dann ermuntern Sie ihn, optimistisch zu sein und auf seine Kreativität und Schaffenskraft zu vertrauen.

▶ **Beruf** Bringen Sie jetzt Altes zum Abschluss und gewinnen Sie Abstand dazu. Bereiten Sie einen Neustart vor.

▶ **Liebe** Haben Sie keine Angst davor, sich zu verändern. Aber bereiten Sie den Sprung erst vor, bevor Sie Ihrem Partner davon erzählen.

▶ **Gesundheit** Die Phase der satten, wohligen Gesundheit geht zu Ende. Fallen Sie jetzt nicht in Panik, sondern achten Sie auf Ihre Gesundheit.

VII – Sieben der Kelche

Das Bild

Die Veränderung hat sich schon in der Acht der Kelche angekündigt. Jetzt bricht sie voll durch und trägt erste Früchte: Zentral in der Mitte der Karte steht der Kelch, aus dessen Inneren sich Pflanzen emporranken. Aus Ihren vielen kreativen Talenten kommt jetzt eines zur Blüte. Hier zeigt sich bereits der Weg in den Erfolg an. Die folgenden Karten strotzen nur so vor Fruchtbarkeit und Blüte.

Die Bedeutung

Jetzt ist es an der Zeit, wieder voll aktiv zu werden. Ihre kreative Energie will sich in Projekten Ausdruck verschaffen. Überlegen Sie jetzt, wo und wie Sie Ihre Visionen realisieren können. Beginnen Sie mit kleinen Schritten. Greifen Sie einfach einen lang gehegten Wunsch heraus und stellen Sie sich bis ins kleinste Detail vor, wie Sie ihn in die Tat umsetzen wollen. Je konkreter Sie diese Visualisierung erleben, desto leichter wird die Verwirklichung.

Wenn sich die Karte auf einen Ihnen Nahestehenden bezieht – einen Freund, einen nahen Verwandten, dann unterstützen Sie ihn tatkräftig bei seiner Visionssuche. Träumen Sie mit ihm und lassen Sie den Wunsch so real wie möglich werden. Ermutigen Sie ihn, seiner Kreativität zu vertrauen.

▶ **Beruf** Fragen Sie sich bei allem, was Sie tun, ob es Ihren Wünschen und Zielen entspricht. Lassen Sie sich nicht von den ewigen Schwarzsehern entmutigen.

▶ **Liebe** Warum sollte es Ihnen nicht gelingen, eine Traumbeziehung zu finden oder aufzubauen? Die Liebeskraft und schöpferische Energie dazu haben Sie doch!

▶ **Gesundheit** Wenn Sie krank waren, können Sie jetzt auf Genesung hoffen. Ihre Heilung ist in Gang gekommen.

VI – Sechs der Kelche

Das Bild

Die Sechs jeder der vier Kartenreihen steht für Beziehungen und geht damit zurück auf die Sechs der Großen Arkana, die Liebenden. Die Sechsen haben immer mit Geben und Nehmen zu tun. So auch hier bei der Sechs der Kelche. Das Geben und Nehmen von Liebe bringt immer Fruchtbarkeit und Schönheit hervor, ausgedrückt in der sich rankenden Pflanze in der Bildmitte, die prächtige Blüten treibt.

Die Bedeutung

In dem Augenblick, in dem Sie Ihre kreative Energie nicht für sich behalten, sondern nach außen, zu anderen Menschen hin fließen lassen, erschaffen Sie Liebe um sich herum. Und diese Liebe erzeugt Schönheit und Fruchtbarkeit: Sie selbst wirken schön auf andere Menschen, und Ihre Liebe lässt die Menschen um Sie herum erblühen. Nehmen Sie diese Wirkung aufmerksam wahr und lassen Sie sich davon beflügeln.

Bezieht sich die Karte auf einen Mitmenschen, dann sollten Sie ihn als Ihren Lehrer betrachten, einen Lehrer in Sachen Liebe. Beobachten Sie, welche Freude es macht, Liebe zu geben und zu nehmen. Genießen Sie es, in seiner Umgebung zu sein. Lassen Sie sich lieben!

▶ **Beruf** Sie mögen Ihre Vorgesetzten, Kollegen oder Mitarbeiter von innen heraus, nicht weil Sie ihnen schön tun wollen. Akzeptieren Sie, dass Sie diese Zuneigung auch zurück erhalten.

▶ **Liebe** Ihr Partner darf sich glücklich schätzen. Sie lieben ihn und zeigen ihm das auch. Geben Sie ihm die Chance, Ihre Liebe auf seine Weise zu erwidern.

▶ **Gesundheit** Sie mögen Ihren Körper, und Sie achten deswegen auf Ihre Gesundheit. Und das ist auch der einzige erfolgversprechende Weg, gesund zu bleiben.

V – Fünf der Kelche

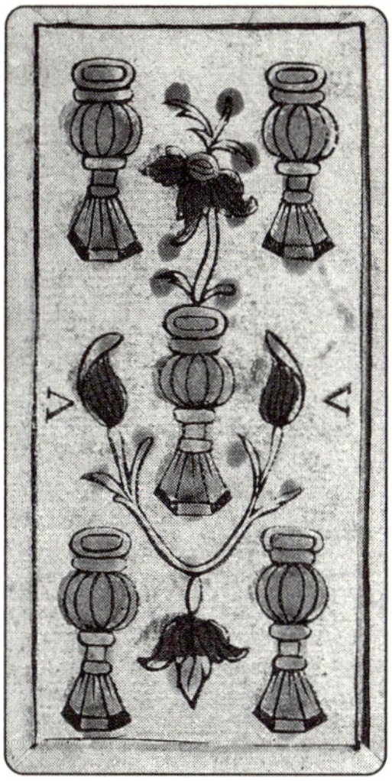

DAS BILD

Wie bei der Sieben wächst aus dem Kelch der schöpferischen Kraft eine Blume hervor – nur ist sie hier noch schöner und blühender. Überhaupt ist der zentrale fünfte Kelch auf dieser Karte umgeben von Fruchtbarkeit und Blüte. Als Querverbindung zur Fünf der Großen Arkana bedeutet das vorliegende Bild: Wenn die schöpferische Energie für höhere, spirituelle Zwecke eingesetzt wird, trägt sie die schönsten Früchte.

DIE BEDEUTUNG

Die Fünf der Kelche weist Sie darauf hin, dass Sie sich jetzt einmal mit Religion beschäftigen sollten – und zwar mit Hingabe und Liebe, mit der kindlichen Offenheit der Kelche. Sie brauchen nur einmal die Schönheit der Natur um Sie herum zu betrachten oder über das Wunder des Lebens zu staunen, und schon haben Sie sich dieser Erfahrung geöffnet.

Hat ein Ihnen Nahestehender die Fünf der Kelche gezogen, dann ermuntern Sie ihn, sich mit seiner Spiritualität und seinem Glauben auseinander zu setzen. Helfen Sie ihm, indem Sie diese Beschäftigung nicht lächerlich machen oder ihn abkanzeln.

▶ **Beruf** Fragen Sie sich einmal, welchen höheren Werten Ihre Tätigkeit dient. Hängen Sie Ihr neues „Hobby“ Spiritualität jedoch nicht an die große Glocke. Dazu ist es zu persönlich und intim.

▶ **Liebe** Stellen Sie Ihre Zuneigung zu Ihrem Partner in einen größeren Zusammenhang. Ist sie mehr als nur ein Zweckbündnis?

▶ **Gesundheit** Sie kennen den Spruch: Der Körper ist der Tempel der Seele. Denken Sie einmal darüber nach!

IIII – Vier der Kelche

Das Bild

Die Schöpfung feiert ihre eigene Schönheit und ihre eigene Harmonie. Wieder sticht die „Vierheit“ ins Auge, nicht nur, weil wir auf dieser Karte vier Kelche in perfekter symmetrischer Anordnung vor uns haben, sondern auch weil sie von vier verspielten Blüten in optischer Balance gehalten werden. Übrigens fällt auch in diesem Fall – wie bei den anderen Blumen dieser Kartenreihe – auf, dass die Blumen sehr viel Blau enthalten. Auch in der literarischen Epoche der Romantik galt die blaue Blume als Inbegriff des Gefühls und des Empfindens, der unendlichen Sehnsucht.

Die Bedeutung

Sie fühlen sich im Gleichgewicht. Sie haben Ihre schöpferische Fantasie, Ihre Liebe und Ihre Gefühle zugelassen und ernten jetzt die Früchte. Durch dieses Verhalten haben Sie noch mehr Vertrauen in Ihre „weibliche Seite“ gewonnen. Sie wissen jetzt, dass Sie stets auf diese Kraft bauen können. Dadurch sind Sie bei anderen beliebt.

Bezieht sich diese Karte auf einen Mitmenschen, dann freuen Sie sich darüber, dass Sie hier jemand vor sich haben, der seine männliche und seine weibliche Seite voll akzeptiert und im Gleichgewicht hat.

▶ **Beruf** Sie sind ausgeglichen und liebevoll zu Ihren Mitarbeitern. Loben Sie sich ruhig selbst einmal dafür!

▶ **Liebe** Sie erleben gerade die perfekte Balance zwischen „ich“ und „du“. Wenn Sie derzeit keinen Partner haben, dann könnte sich das schnell ändern, denn Ihre Ausgeglichenheit wirkt anziehend.

▶ **Gesundheit** Aktive- und Ruhephasen wechseln sich bei Ihnen in perfekter Weise ab. Sollten Sie krank sein, dann dürfen Sie jetzt eine harmonische Heilung erwarten.

III – Drei der Kelche

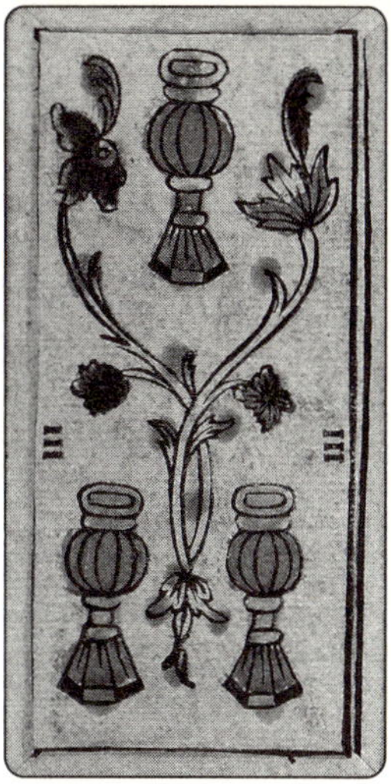

Das Bild

Die Drei steht für Vollendung, Dreieinigkeit und Synthese von Eins und Zwei, also von männlich und weiblich. Auf der Drei der Kelche ist diese Vollendung durch die Symmetrie der drei Kelche und die daraus erwachsende Blume mit ihren vier emporrankenden Blüten dargestellt. Auch hier haben wir wieder eine Vollendung vor uns: die Pflanze, deren Stiele sich in sanften Schwüngen nach oben wie ein Kelch öffnen.

Die Bedeutung

Ihre Wasser-Energie wendet sich nach innen, öffnet sich wie die Pflanze auf der Karte nach oben, um neue Energie aufzunehmen. So wie Sie es im Außen durch die Kraft Ihres inneren Gleichgewichts immer wieder wagen, neue Unternehmungen und Beziehungen einzugehen, so können Sie jetzt auch im Inneren neue Seiten Ihrer Persönlichkeit erschließen.

Hat ein Ihnen Nahestehender die Drei der Kelche gezogen, dann sollten Sie wissen, dass er jetzt in neue Bereiche vorstoßen will. Dabei wird möglicherweise ein ganz neues Ergebnis herauskommen.

▶ **Beruf** Neue Erfahrungen stehen an. Aber Sie sehen dem gelassen entgegen, denn es läuft zielstrebig auf einen Zugewinn hinaus.

▶ **Liebe** Möglicherweise erwächst aus Ihrer Liebesbeziehung etwas Drittes. Das kann, muss aber nicht ein Kind sein. Jedenfalls ist es eine Bereicherung für Ihre Partnerschaft.

▶ **Gesundheit** Sie haben auf Ihre innere Stimme gehört und mit Ihrer Gesundheitsvorsorge ernst gemacht. Jetzt ernten Sie den Erfolg, und der heißt Wohlbefinden.

II – Zwei der Kelche

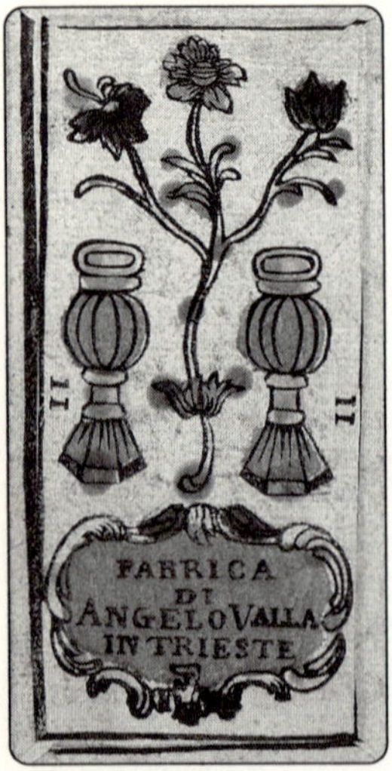

Das Bild

Die Zahl Zwei symbolisiert – wie der gesamte Satz der Kelche – die weibliche, empfangende Yin-Energie. Wo sich diese Energie frei entfalten kann, da entsteht Schöpfung, Kreation. Die symmetrische Blume mit ihrer goldenen Blüte in der Mitte und den beiden blauen Blüten links und rechts ist das vollendete Ergebnis (Symbol der Dreiheit, siehe Drei der Kelche). Im Gegensatz zur Drei geht es hier nicht um neue innere Erfahrungen, sondern um den freien Ausdruck von Liebe an sich. Die Wasser-Energie will einfach gelebt werden. Liebe um der Liebe willen.

Die Bedeutung

Lassen Sie jetzt Ihre Liebe fließen, damit etwas Neues entstehen kann. Das muss nicht unbedingt eine neue Beziehung sein, obwohl diese Karte oft am Beginn einer neuen Partnerschaft steht. Sie können auch Ihre Liebe zu Ihrer Familie, Ihren Freunden und Bekannten oder zu dem ausdrücken, das Sie beruflich oder als Hobby tun, zu Ihrer Wohnung, zu Ihren Garten usw. Tun Sie es aber nicht für die anderen, sondern für sich.

Bezieht sich die Karte auf einen Mitmenschen, dann sollten Sie ihn zum Bekenntnis seiner Liebe ermutigen. Denn wenn dieser Mensch die Liebesenergie, die in ihm steckt, nicht auszudrücken lernt, dann macht sie ihn auf Dauer krank im Körper und krank in der Seele.

▶ **Beruf** Drücken Sie die Liebe zu Ihrer Arbeit aus. Ein neues erfolgreiches Projekt ist möglich.

▶ **Liebe** Die Zeit ist reif für eine neue Liebe oder dafür, dass Sie Ihre bestehende Partnerschaft mit einem neuen Liebesschub anfeuern.

▶ **Gesundheit** Ihr derzeitiges Hochgefühl stimmt mit Ihrem gesundheitlichen Wohlbefinden überein. Sie sind rundherum gesund.

Ass der Kelche

Das Bild

Der gesamte Kelche-Satz zeigte das Gleichgewicht zwischen Handeln und Geschehen-Lassen. In der Zwei begegnete uns diese Harmonie in der Liebe zweier Menschen. Das Ass der Kelche zeigt den geistig-spirituellen Hintergrund, die Quelle dieser Liebe, die Liebe an sich. Es erinnert an den heiligen Gral, der das Blut Christi und damit den materialisierten Heiligen Geist enthalten soll – hier ausgedrückt durch die Kathedrale, die die Wasser-Energie des Kelches aufnimmt. Die Energie dieses Pokals ist golden, sie weist auf die Erleuchtung hin: Das göttliche Licht ist die Quelle aller Liebe.

Die Bedeutung

Ihre schöpferische Energie, Ihre Liebe und Ihre Kreativität sind auf dem Höhepunkt. Jetzt geht es für Sie darum, zu erkennen, woher Liebe, Glück, Freude und Schönheit herkommen: aus dem göttlichen Licht und der göttlichen Liebe. Dann hören Sie automatisch auf, ihm hinterher zu jagen oder es festhalten zu wollen. Das Glück öffnet sich Ihnen, wenn Sie bereit sind, es anzunehmen.

Hat ein Ihnen Nahestehender diese Karte gezogen, dann werden Sie in seiner Gegenwart viel Liebe erfahren. Denn er wird seine Gefühle mit Ihnen teilen wollen.

▶ **Beruf** Auch im Arbeitsleben werden Sie täglich reich beschenkt. Sind Sie sich dessen überhaupt bewusst? Sehen Sie einmal genau hin!

▶ **Liebe** Nehmen Sie die kleinen Beweise der Liebe überhaupt wahr? Danken Sie dem Schöpfer dafür, dass Sie so reich beschenkt worden sind!

▶ **Gesundheit** Immer wenn Sie sich unwohl oder schwach fühlen, sollten Sie die Kraft des Lichts und der Liebe in sich selbst aktivieren. Fühlen Sie sie als Wärme, die durch Ihren ganzen Körper strömt.

Die Schwerter

Fassen wir bis hierher noch einmal zusammen: Die Kelche symbolisieren das Element Wasser, also Gefühl, Empfindung und schöpferische Fantasie. Die Stäbe (Element Feuer) setzen diese Visionen in konkrete Handlungen um, weil sie Repräsentanten der Tatkraft sind. Bevor dies geschieht, ist bewusstes Planen und Denken notwendig, symbolisiert durch das Luft-Element der Schwerter, bis schließlich das physisch manifestierte Ergebnis sichtbar ist, wie es im Satz der Münzen (Element Erde) zum Ausdruck kommt.

Die Schwerter repräsentieren also das Luftelement und das wiederum symbolisiert den Verstand. Er sorgt für Ruhelosigkeit und ständige Bewegung. Und in der Tat fällt es uns heute sehr schwer, das Geplapper unserer Gedanken ruhig zu stellen. Die Schwerter zeigen die Problemseiten des Verstandes – Sorgen, Schmerz, Ärger – genauso wie dessen Vorzüge – Organisationstalent, Wahrheitssuche bis hin zur Weisheit. Wie in den anderen Kartensätzen geht es bei den Schwertern um das Gleichgewicht zwischen einem zu viel an Gedanken und Nachdenken und einem zu wenig.

Ein zuviel an Gedanken führt meist dazu, dass sich unser Denken im Kreis dreht, weil wir nicht die anderen Elemente (Körper, Psyche, Geist) zu Wort kommen lassen. Die Folgen: Wir denken negativ und machen uns über alles und jeden Sorgen. Die Neun und die Zehn der Schwerter zeigen einen Menschen, der seinen Kopf auf diese Weise überladen hat. Hier hilft nur, die Luft-Energie positiv einzusetzen: Lassen Sie sich frischen Wind um die Nase wehen und Ihren Kopf von der klaren Luft einmal so richtig durchblasen.

Möglicherweise geht es Ihnen, wenn Sie eine Schwerter-Karte ziehen, so wie vielen Menschen: Die Karte zeigt Ihnen schwarz auf weiß, was Sie im Innersten schon lange fühlten – nämlich, dass Sie wieder mehr Ihrem Gefühl und Ihrer Sinnlichkeit Beachtung schenken müssen.

König der Schwerter – Roy de Spe

Das Bild

Der König steht für die Umsetzung der jeweiligen Energie in soziale Verantwortung. Der König der Schwerter zeigt also, wie der Verstand für Autorität und Urteilsvermögen eingesetzt werden kann. Er stützt sich darauf (Schwert in seiner rechten Hand). Wodurch erhält er diese Gabe? Durch seine Intuition und Empfindung (dominierendes Blau in seiner Kleidung). Das führt ihn zu Wissen und Erleuchtung, wie das Gold in seinem Rock, seinem Umhang und seiner Krone beweist. Wie er sein Schwert hält, nämlich nach rechts, zur Handlung hin, verrät seine Bereitschaft zur Tat.

Die Bedeutung

Verstand und Gefühl sind in Harmonie. Sie sind voller Tatendrang. Ihr Ziel ist Wissen, Weisheit und Wahrheit. Wenn Sie Verstand und Intuition im Gleichgewicht halten, gelingt Ihnen alles und Sie laufen nicht Gefahr, in majestätischer Überheblichkeit Unterwürfigkeit zu verlangen.

Bezieht sich die Karte auf einen Mitmenschen, dann haben Sie einen starken Menschen vor sich, dem Sie sich ohne Weiteres anschließen können. Seien Sie aber auf der Hut, dass dieser Zeitgenosse nicht zu dominant wird und Sie zum Lakaien degradiert.

▶ **Beruf** Übernehmen Sie Verantwortung, hören Sie bei allen Entscheidungen auf Ihre innere Stimme und organisieren Sie dann mit Ihrem Verstand!

▶ **Liebe** Ergreifen Sie jetzt die Führung. Sie haben Ihr Herz auf dem rechten Fleck und können Ihren Partner überzeugen.

▶ **Gesundheit** Treffen Sie aktive Entscheidungen Ihre Gesundheit betreffend. Die Zeit der Faulheit ist vorbei. Werden Sie aktiv!

Königin der Schwerter – Reine de Spe

Das Bild

Die Königin verkörpert die am eigenen Leib erlebte Erfahrung der Schwerter-(= Verstandes-) Energie. Sie sitzt gelassen auf ihrem Thron, ihre linke Hand auf den Bauch, den Sitz der Empfindungen (siehe „aus dem Bauch heraus handeln"), gelegt. Das Rotgelb ihres Kleides zeugt von innerer Stärke, das Blau ihres Schwertes und ihres Throns bedeuten, dass Empfindung und Intuition ihre Handlungen leiten und ihr Halt und sicheres Fundament geben.

Die Bedeutung

Durch die Erfahrungen des Lebens sind Sie zu Weisheit gelangt. Innere Stärke (Rotgelb) und Empfindung (Blau) sind Teil Ihrer reifen Persönlichkeit. Obwohl Sie Ihre Energie sanft einsetzen (Königin), ist sie genauso stark wie die Kraft des Königs. Sie sind einer der seltenen Fälle, bei denen Verstand und Gefühl im Gleichgewicht sind. Ihre Gedanken sind auf das Praktische, das Leben und die Familie, gerichtet.

Bezieht sich die Karte auf einen, der Ihnen nahe steht, dann erhalten Sie von diesem Menschen weisen Rat und warme Anteilnahme. Hören Sie auf seine Lebensweisheit und kritisieren Sie ihn nicht.

► **Beruf** Was Sie sagen und tun, ist ausgewogen und macht Sinn. Ihre Vorgesetzten, Kollegen und Mitarbeiter wissen das zu schätzen.

► **Liebe** Sie haben genug Lebenserfahrung gesammelt, sodass Sie jetzt ruhig Ihren Standpunkt vertreten können. Wenn Ihr Partner das nicht versteht, dann muss er erst noch eigene Erfahrungen machen.

► **Gesundheit** Sie wissen genau, wie Sie mit Ihrem Körper umgehen müssen, und lassen sich von anderen nicht verrückt machen.

Ritter der Schwerter – Chevalier de Spe

Das Bild

Der Ritter hat noch die Erfahrungen von König und Königin mit den Energien des Verstandes vor sich. Deswegen hat er sein Schwert noch nicht in der handelnden rechten, sondern in der verteidigenden, eher passiven linken Hand. Deswegen wappnet er sich mit Helm und Rüstung und bricht in die Welt auf, um diese Luftenergie zu erleben und zu erfahren. Dennoch hat er bereits die Eigenschaften des Königspaares: das Vertrauen auf sein Empfinden (blaues Pferd und blauer Brustpanzer) sowie die Erfahrung innerer Stärke (rot-gelber Rock und Helm).

Die Bedeutung

Der Ritter zeigt Mut und Stärke in seinem Drang nach außen, in seinem Ehrgeiz, Erfahrungen zu sammeln. Und diese Energie und Impulsivität steckt derzeit auch in Ihnen, will also unbedingt ausgelebt werden. Balancieren Sie dabei jedoch Empfinden/Gefühl und Tatendrang/Aktivität. Nutzen Sie Ihren Verstand als die Institution, die in Ihrem Leben und in der Welt Ordnung schafft.

Bezieht sich die Karte auf einen Menschen in Ihrer Umgebung, dann sollten Sie ihn nicht festhalten. Der Gute muss raus ins Leben, ob es Ihnen passt oder nicht. Ermuntern Sie ihn lieber dazu, die momentan in ihm vorhandene Stärke und seinen Wagemut zu aktivieren.

▶ **Beruf** Sie wollen jetzt Erfahrungen sammeln und nicht auf ein und derselben Stelle versauern. Lassen Sie sich von Ihrer Inspiration leiten.

▶ **Liebe** Vorsicht vor übereilten Bindungen! Sie sollten jetzt viele neue Bekanntschaften machen.

▶ **Gesundheit** Wenn Sie jetzt nicht aktiv werden, leben Sie an Ihren derzeitigen Energien vorbei.

Bube der Schwerter – Valet de Spe

Das Bild

Der Bube braucht das Schwert nicht, um sich zu schützen, er hat gleich zwei davon und begibt sich damit auf seinen Lebensweg. Ihn kann also nichts und niemand anfechten. Er braucht keine Rüstung und keinen Helm, Hut und Umhang (blau für Empfindung/Gefühl) genügen ihm. Er steht mit beiden Beinen sicher auf dem Boden, er braucht kein Pferd, das ihn schnell zu den Erfahrungen trägt. Gelassen wie der Narr ist er offen für die Welt.

Die Bedeutung

Sie haben so viele Ideen (zwei Schwerter) und sind mit so viel Inspiration (blauer Umhang) ausgestattet, dass Sie ohne Bedenken neue Erfahrungen sammeln und Neuland betreten (blaue Strümpfe) können. Das kann eine Stelle oder eine neue Beschäftigung sein oder eine neue Beziehung oder eine innere Veränderung. Die blühende Landschaft zeigt Ihnen an: Sie werden Erfolg haben.

Bezieht sich die Karte auf einen Mitmenschen, dann zeigt er einen cleveren, vielleicht auch listigen Menschen an. Er hat gute Argumente, die Sie schwer widerlegen können. Noch dazu, wo er sie mit seinen Gefühlen und seiner Intuition (beide Schwerter sind blau) begründet.

▶ **Beruf** Nehmen Sie eine neue berufliche Herausforderung an, aber prahlen Sie nicht dauernd mit Ihrer „überragenden" Intelligenz.

▶ **Liebe** Zerreden Sie Gefühle nicht und treten Sie Ihrem Partner gegenüber nicht als Oberschlaumeier auf.

▶ **Gesundheit** Über Fitness und Gesundheit zu lesen oder zu reden, macht Sie nicht gesund. Dafür müssen Sie schon etwas tun!

X – Zehn der Schwerter

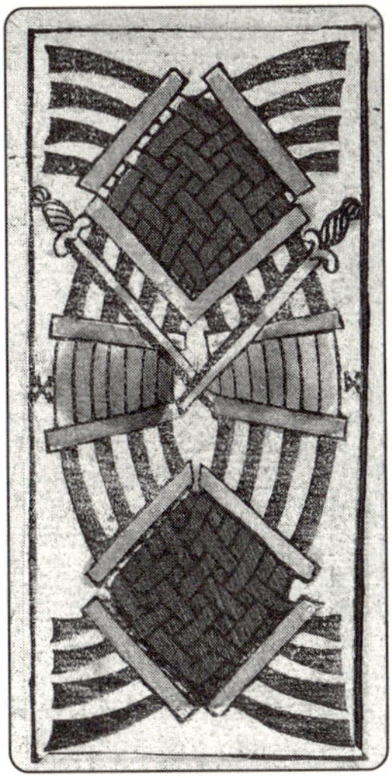

Das Bild

Wie in den anderen Sätzen der kleinen Arkana kommt auch in dieser Zehn zu viel Energie zusammen – in diesem Fall Luft-Energie. Das ineinander verwobene Geflecht der Schwerter scheint undurchdringlich. Die beiden darüberliegenden Schwerter symbolisieren noch dazu einen bevorstehenden Kampf im Bereich der menschlichen Handlungen (rotes Feld) und stören die Balance zwischen Gefühl (Blau) und Tat (Rot), die im Übrigen ohnehin in eine feste Form eingezwängt sind. Soviel Verstand bringt keine Ergebnisse mehr hervor – da sprosst und blüht gar nichts mehr.

Die Bedeutung

Sie haben sich so viele Gedanken und Sorgen gemacht, dass jetzt nichts mehr vorangeht. Die anderen haben dafür keine Schuld, Sie haben sich die Suppe selbst eingebrockt. Gliedern Sie alle Aufgaben in kleine Schritte und Teilziele und gehen Sie dann eins nach dem anderen an. Konzentrieren Sie sich auf Ihre Tatkraft (Rot) und Ihre Intuition (Blau).

Bezieht sich die Karte auf einen anderen Menschen, dann machen Sie ihm klar, dass seine Probleme nur im Kopf existieren. Der Bedauernswerte hat sich ein Gedankengebäude aus Pessimismus und Negativität gebaut und glaubt, es sei die Realität. Damit entschuldigt er dann, dass er derzeit völlig passiv ist („Es hat ja sowieso keinen Sinn!“).

▶ **Beruf** Wenn Sie in allem nur das Negative sehen wollen, dann finden Sie es auch. Und dann sieht Ihre derzeitige Lage mies aus.

▶ **Liebe** Lassen Sie es nicht zu, dass Gedanken und Worte Ihre Partnerschaft zerstören. Verbindet Sie nicht viel mehr Liebe und Gefühl?

▶ **Gesundheit** Wenn Sie sich um jedes Wehwehchen sorgen, als sei es eine unheilbare Krankheit, dann machen Sie sich wirklich krank.

VIIII – Neun der Schwerter

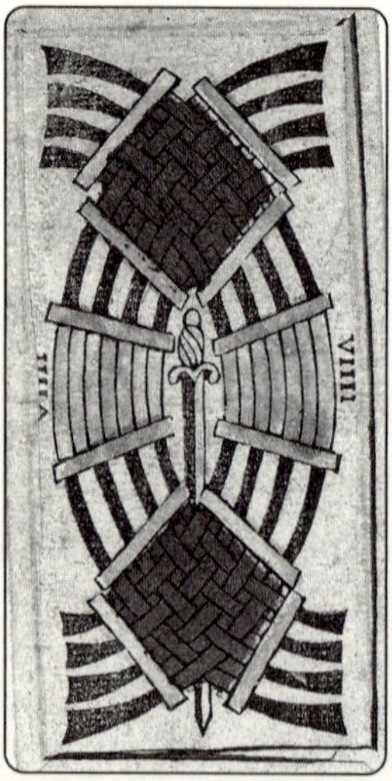

Das Bild

Der Kampf der Schwerter ist ausgebrochen. Das einzelne Schwert in der Bildmitte durchbohrt das Geflecht der Empfindungen (blaues Feld): Der Verstand kämpft mit dem Gefühl. Die jeweils vier Schwerter (vier ist die Zahl der Elemente und der Tarot-Kartensätze) sind dadurch aus dem Gleichgewicht gebracht. Nichts sprosst und gedeiht.

Die Bedeutung

In dem Moment, wo wir unserem Verstand zu viel Gewicht geben und ihn dominieren lassen, tötet er unsere Gefühle, Empfindungen und Inspirationen, kurz: unsere weibliche Seite. Die Folge spüren Sie gerade am eigenen Leib: Sie leiden, empfinden Schmerz. Sie haben nicht auf Ihre innere Stimme gehört, haben Ihre Gefühle und Ihre Liebe mit Argumenten und „schlauen" Gedanken abgewürgt. Ziehen Sie das Schwert wieder heraus, lassen Sie Ihre Gefühlsseite zu Wort kommen, dann kommen Sie aus diesem selbst geschaffenen Jammertal heraus.

Bezieht sich die Karte auf einen Mitmenschen, dann machen Sie ihm jetzt klar, dass er nur dann aus seiner misslichen Situation herauskommt, wenn er radikal seinen Verstand zum Schweigen bringt und auf seine Gefühle hört.

▶ **Beruf** Nur mit dem Kopf kommen Sie auch im Berufsleben nicht weiter. Sonst könnte man Sie durch einen Computer ersetzen.

▶ **Liebe** Wenn Ihr Partner Ihnen davonläuft, liegt das einzig und allein an Ihnen. Oder erwarten Sie, dass Sie mit Ihrem eiskalten Verstand für irgendeine Beziehung attraktiv sind?

▶ **Gesundheit** Wenn Ihr Körper irgendwo wehtut, und Sie es nicht ernst nehmen, weil nicht sein kann, was nicht sein darf, dann wundern Sie sich nicht, wenn Sie ernsthaft erkranken.

VIII – Acht der Schwerter

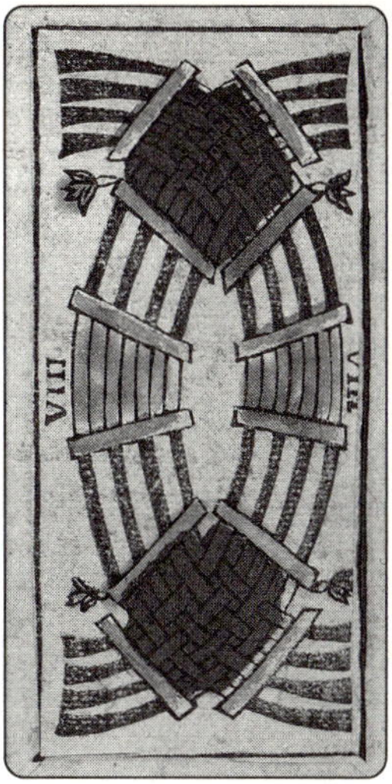

Das Bild

Die Schwierigkeiten sind überwunden. Die negativen Gedanken der Zehn und die Sorgen und Nöte der Neun sind vergessen. Die Schwerter sind im Gleichgewicht. Die beiden Vierergruppen der Schwerter verbinden die vier Himmelsrichtungen im Gleichmaß und lassen so auch die blauen Felder der Empfindung zur Geltung kommen: Das schafft Ergebnisse, ist fruchtbar, was in den Blumen und Blüten, die aus der Gefühlswelt hervorknospen, sichtbar wird. Eine Balance zwischen Denken (Schwerter), Fühlen (blaue Felder) und Handeln (rote Felder) ist hergestellt.

Die Bedeutung

Sie leben Ihre Gefühle und Ihren Tatendrang aus, und setzen Ihre Kräfte zielgerichtet und harmonisch ein. Dadurch erzielen Sie Fortschritte. Werden Sie nicht ungeduldig, weil Sie noch mehr erwarten. Erkennen Sie, dass Sie bereits Teilziele erreicht haben, und bauen Sie darauf auf. Verstärken Sie den Einfluss von Intuition und Gefühl noch mehr.

Bezieht sich diese Karte auf einen Mitmenschen, dann erkennen Sie ihn dafür an, dass er nicht nur auf seinen Verstand hört, sondern auch auf sein Empfinden achtet. Gehen Sie behutsam mit ihm um, damit er nicht das Gefühl hat, er habe sich damit auf gefährliches Terrain begeben.

▶ **Beruf** Die selbstverschuldeten Misserfolge sind vorüber. Gefährden Sie den zu erwartenden Erfolg nicht durch Ungeduld und sinnlose Sorgen.

▶ **Liebe** Kaum lassen Sie wieder Ihre Gefühle zu, schon lacht wieder die Sonne. Teilen Sie Ihrem Partner Ihre Gefühle mit.

▶ **Gesundheit** Die Angst und negativen Gedanken, die Sie krank gemacht haben, sind überwunden, der Heilungsprozess hat begonnen.

VII – Sieben der Schwerter

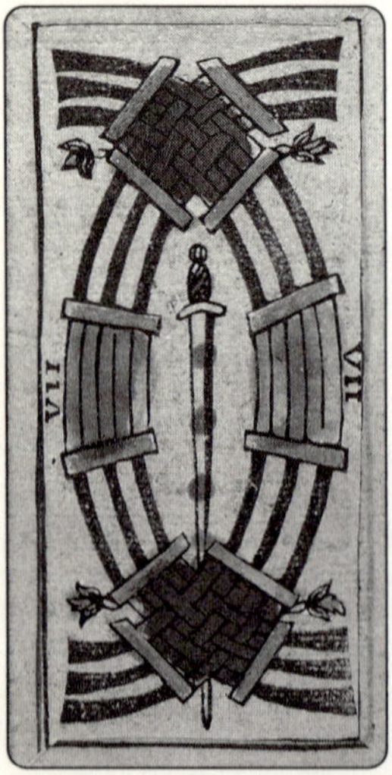

Das Bild

Wieder taucht ein Gedanke (das Schwert in der Bildmitte) auf, das ins Herz der Gefühle sticht. Aber das ist nicht weiter tragisch. Das harmonische Bild der einander kreuzenden Dreierreihen ist zwar gestört. Aber dennoch gibt es kleine Erfolge (kleine Blüten), denn das durchbohrende Schwert kann die bereits bestehende Balance nicht nachhaltig aus dem Gleichgewicht bringen.

Die Bedeutung

Auch wenn jetzt noch einmal ein Gedanke, eine Sorge Ihnen das Gefühlsleben schwer macht – aus dem Gleichgewicht kann Sie das nicht mehr bringen. Bevor es richtig steil nach oben geht, müssen Sie letzte Unklarheiten beseitigen und Konflikte lösen oder beigelegen. Betrachten Sie also die jetzige Problembewältigung als Befreiung, nach deren Abschluss Sie voller guter und positiver Gedanken stecken. Ziehen jetzt das Schwert aus der Wunde, das heißt arbeiten Sie den bedrückenden Gedanken auf, der Sie noch plagt, dann warten erfolgreiche und sorgenfreie Zeiten auf Sie.

Wenn sich die Karte auf einen Ihnen Nahestehenden bezieht, dann unterstützen Sie ihn bei seiner Problembewältigung. Zeigen Sie ihm, warum er noch mit sich kämpft – als Außenstehender sehen Sie das leichter als als Betroffener. Ermutigen Sie ihn, seinen Gefühlen zu vertrauen. Helfen Sie ihm, eine positive Einstellung einzunehmen.

▶ **Beruf** Klären Sie die verbleibenden Unklarheiten. Gehen Sie vorsichtig vor, damit Sie nicht die zarten Pflanzen Ihres Erfolgs gefährden.

▶ **Liebe** Diskutieren Sie Missverständnisse aus. Entschuldigen Sie sich, falls Sie Ihren Partner verletzt haben.

▶ **Gesundheit** Beseitigen Sie alle Ihre gesundheitlichen Sorgen, auch die, die Ihnen geringfügig erscheinen.

VI – Sechs der Schwerter

Das Bild

In perfekter Symmetrie fügen sich die beiden Dreierreihen der Schwerter zu einer Öffnung zusammen, in deren Mitte eine hell blühende Blume sprießt. Da die Sechs jeder Kartenreihe immer mit Beziehungen zu tun hat, wird hier deutlich, dass das vollendete Gleichgewicht zwischen geordnetem Verstand (gebündelte Schwerter), gefühlvoller Phantasie (blaue Felder, die Sprossen tragen) und zielgerichteter Tatkraft (rotes, an den Seiten offenes Feld) im zwischenmenschlichen Bereich Früchte trägt.

Die Bedeutung

Sie sind aus Ihren inneren und äußeren Kämpfen als Sieger hervorgegangen und ernten jetzt die Früchte Ihrer Anstrengungen. Neben Ihrem beruflichen Erfolg haben Sie auch die Beziehungen zu Ihren Mitmenschen erblühen lassen. Seien Sie ruhig stolz auf sich. Erinnern Sie sich, wie Sie durch das Akzeptieren Ihrer Gefühle, also Ihrer weiblichen Seite, aus dem Jammertal der Negativität hervorgekommen sind.

Bezieht sich die Karte auf einen Mitmenschen, dann betrachten Sie ihn einmal als Ihren Lehrer. Lernen Sie von ihm, wie man Verstand, Gefühl und Tat in Einklang bringt. Lernen Sie, wie man Pessimismus mit Vertrauen und Optimismus besiegt. Feiern Sie mit ihm!

▶ **Beruf** Sie haben es geschafft! Und alle freuen sich mit Ihnen. Zeigen Sie Ihren Kollegen und Mitarbeitern gegenüber Gefühl!

▶ **Liebe** Und wenn du denkst, es geht nicht mehr, dann kommt von irgendwo ein Lichtlein her. Das Licht kam aus Ihnen selbst!

▶ **Gesundheit** Harmonie im Geist erzeugt eine Harmonie im Körper. Daher ist es kein Zufall, dass Sie alle Krankheiten hinter sich haben.

V – Fünf der Schwerter

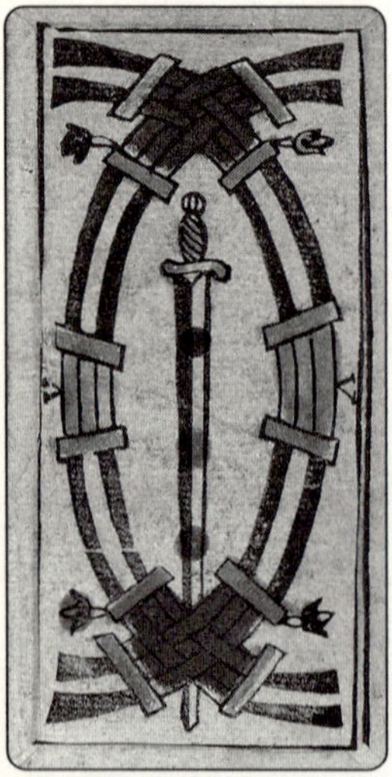

Das Bild

Erinnern Sie sich an die Fünf der Stäbe und die Fünf der Kelche? Auch da hat sich einer dazwischen gedrängelt und die eben erst erreichte goldene Harmonie scheinbar gestört. Aber die vier symmetrischen Blüten auf den Karten zeigten, dass die Störung des Gleichgewichts spielerisch ist und das Wachstum nicht beeinträchtigt.

So verhält es sich auch hier in der Fünf der Schwerter. Das Schwert in der Bildmitte erzeugt nur ein anderes Ergebnis als die reine Harmonie der Sechs, aber in der Balance ist das Bild dennoch.

Die Bedeutung

Die Schwächen in Ihrer Gedankendisziplin bringen Sie auf den richtigen Weg zurück, sind also notwendig, damit Sie sich wieder auf die positiven Seiten des Lebens konzentrieren lernen.

Hat ein Ihnen Nahestehender, ein guter Freund oder ein Familienmitglied, die Fünf der Schwerter gezogen, dann helfen Sie ihm, auf die neue Situation nicht wütend oder ängstlich zu reagieren. Machen Sie ihm klar, dass es nur eine Herausforderung für ihn ist, jetzt zu beweisen, dass er seine Lektionen in Sachen Selbstvertrauen und Optimismus gut gelernt hat. Und das gilt auch für Sie selbst.

▶ **Beruf** Immer mit der Ruhe! Ein Blitz macht noch kein Gewitter. Verfallen Sie jetzt bloß nicht in Panik, sondern gehen Sie das Problem gelassen an. Sie wissen doch, wie Sie damit fertig werden.

▶ **Liebe** Dieses kleine Missverständnis bringt Sie doch nicht aus dem Gleichgewicht! Da lachen Sie doch nur!

▶ **Gesundheit** Die Beschwerden, die jetzt auftauchen, sind „peanuts". Kurieren Sie sie aus, und der Fall hat sich!

IIII – Vier der Schwerter

Das Bild

Wie bei der Sechs fällt bei der Vier der Schwerter die Schönheit und Harmonie auf. Wieder sticht die „Vierheit“ ins Auge: Vier Schwerter und vier Blüten zeigen an, dass sich die Lage stabilisiert hat – die vier Elemente sind in Einklang und tragen eine wunderschöne Frucht: die Blume in der Bildmitte. Im Unterschied zur Sechs sind die beiden blauen Felder der Empfindungen offener. Dadurch wird deutlich, dass das Gleichgewicht der Kräfte hier noch ausgeprägter ist. Bei den Naturvölkern ist die Vier übrigens die heilige Zahl der vier Himmelsrichtungen.

Die Bedeutung

Sie fühlen sich harmonisch und im Gleichgewicht. Ihre Gedanken stimmen mit dem überein, was Sie fühlen. Und danach handeln Sie auch. Dadurch haben Sie Erfolg und Glück. Sie erleben tagtäglich viele kleine harmonische Begebenheiten, sind bei anderen beliebt und fühlen sich rundherum glücklich. Genießen Sie diese Hochzeit Ihrer Gefühle!

Bezieht sich diese Karte auf einen Mitmenschen, dann freuen Sie sich jetzt mit ihm. Lassen Sie sich anstecken von seinem Glück. Lernen Sie daraus, dass der Weg zu Glück und Erfolg nur über das innere Gleichgewicht von Denken, Fühlen und Handeln führt. Erkennen Sie die kleinen Freuden an, die Sie sich gegenseitig bereiten.

▶ **Beruf** Wenn Sie Erfolg haben, dann aber gleich richtig! Alles gelingt jetzt. Reiten Sie weiter auf dieser Welle – aber mit Genuss!

▶ **Liebe** Nichts kann Ihre harmonische Beziehung stören. Wenn Sie derzeit keinen Partner haben, dann wird sich das bald ändern.

▶ **Gesundheit** Erholen Sie sich, lassen Sie es sich gut gehen. Jetzt ist die Zeit der Entspannung und der Ruhe.

III – Drei der Schwerter

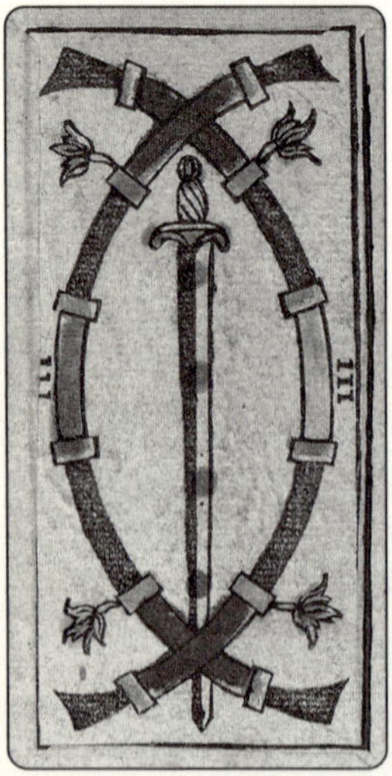

DAS BILD

Die Drei symbolisiert die Vollendung, die Synthese von Eins und Zwei (Mann und Frau): Das Schwert in der Bildmitte durchteilt die beiden anderen exakt. Das Schwert (= der Gedanke, die Sorge, der Schmerz) wird, nachdem es ins Gefühl, ins Herz (blaues Feld) eingedrungen ist, Teil unseres Fühlens und damit transformiert (die vollendete Drei).

DIE BEDEUTUNG

Akzeptieren Sie Schmerz und Sorge und nehmen Sie sie in Ihr Herz auf. Das heißt: Lassen Sie Ihre Gefühle zu, statt sie zu verdrängen. Denn das ist der einzige Weg, Kummer und Leid zu verarbeiten und wieder „heil", das heißt harmonisch und im Gleichgewicht zu sein. Erfahren Sie diese Gefühle, dann werden Sie sie auch erfüllen und damit überwinden.

Hat ein Ihnen Nahestehender die Drei der Schwerter gezogen, dann braucht er vermutlich Ihren Trost und Beistand. Denn geteiltes Leid ist bekanntlich halbes Leid. Lenken Sie ihn aber nicht von seinem Schmerz ab, wie es in unserer Verneinungs-Kultur so gerne getan wird. Helfen Sie ihm lieber, voll in die Trauer hineinzugehen und sie als Teil des Lebens anzunehmen. Sie werden selbst eine Menge dabei lernen.

▶ **Beruf** Vor einem Ärger oder einem Verlust davonzulaufen, bringt Sie auch nicht weiter. Sie können nur aus der Situation lernen, wenn Sie sich ihr stellen.

▶ **Liebe** Sie haben jemand oder etwas verloren und sind traurig darüber. Nehmen Sie sich Zeit, mit Ihrer Trauer fertig zu werden.

▶ **Gesundheit** Möglicherweise ist es an der Zeit, vom Wunschtraum Abschied zu nehmen, dass Sie nie krank werden. Dass Ihr Körper auch einmal schlapp macht, ist ganz natürlich.

II – Zwei der Schwerter

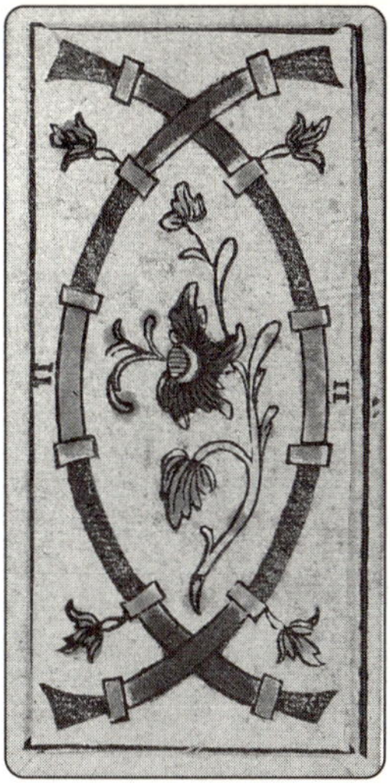

Das Bild

Die Luft-Energie der Schwerter manifestiert sich auf dieser Karte in verspielt-kreativer Form. Die Zahl Zwei als Symbol der weiblichen, empfangenden Yin-Energie deutet bereits darauf hin. Wo sich diese Energie frei entfalten kann, da entsteht Schöpfung, Kreation. Die bunte Farbenpracht der Blumen steht sinnbildlich für diese Kraft.

Die Bedeutung

Halten Sie jetzt Ihre Ideen und Gedanken nicht zurück, auch wenn sie noch so hochfliegend sind. Setzen Sie sie kreativ um. Erschaffen Sie etwas. Nutzen Sie Ihre Luftenergie für neue Pläne und Projekte. Dabei brauchen Sie sich nicht darum zu sorgen, wie Sie diese Projekte verwirklichen können. Ihre Energie ist so stark, dass sie sich selbst einen Weg in die Realität suchen. Sie werden automatisch Menschen anziehen, die Ihnen bei der Umsetzung dieser Ideen helfen werden.

Bezieht sich die Karte auf einen Mitmenschen, dann sollten Sie ihn in seinem Höhenflug bestärken. Das ist manchmal schwer, wenn man selbst gerade fest auf dem Boden der Tatsachen klebt. Springen Sie über Ihren eigenen Schatten und lassen Sie sich von ihm beflügeln. Dann wird es auch für Sie eine aufregende Zeit.

▶ **Beruf** Legen Sie jetzt richtig los, auch wenn die anderen mit Ihrer Begeisterung nicht mithalten können. Aber das stört Sie nicht, denn Sie wissen, dass Ihre Ideen und Projekte erfolgreich sein werden.

▶ **Liebe** Die Eingebungen, die Sie momentan erhalten, beeinflussen auch Ihre Partnerschaft. Spüren Sie den frischen Wind, der Ihnen um die Nase weht.

▶ **Gesundheit** Damit Sie jetzt nicht davonfliegen, wäre es jetzt ratsam, sich mit guter Ernährung und körperlichen Übungen zu erden.

Ass der Schwerter

Das Bild

Die Krönung, die Verstandeskraft an sich. Die Luft-Energie des Schwertes bestimmt das gesamte Bild. Sie ist auf dem Höhepunkt angelangt. Wir sehen, dass diese Kraft der göttlichen Energie des Kosmos (symbolisiert durch die golden strahlende Hand) entspringt und den Verstand erleuchtet.

Dadurch sind wir in der Lage, die materielle Welt, symbolisiert durch die Krone, zu erkennen. Und das bringt uns den Lorbeer des Siegers, das heißt, wir haben die negativen Seiten des Verstandes besiegt und sind zur Meisterschaft aufgestiegen.

Die Bedeutung

Das ordnende Schwert des Verstandes ist notwendig, um die Verblendung des materiellen Lebens (die Krone) zu verstehen. Es ist Teil der göttlichen, kosmischen Ordnung (siehe die Hand). Das bedeutet auch, dass wir keine Angst zu haben brauchen, diese Kraft jemals zu verlieren.

Hat ein Ihnen Nahestehender diese Karte gezogen, dann sollten Sie seinen Rat suchen, denn er hat die Gabe, klar zu denken und hinter die Kulissen der Erscheinungen zu blicken. Dieser Mensch ist gerade deswegen in Ihr Leben getreten, weil Sie ihn brauchen.

► **Beruf** Man schätzt Ihre Meinung, hört auf Ihren Rat. Wundern Sie sich nicht darüber, denn Sie haben wirklich viele Einsichten gewonnen.

► **Liebe** Sie trennen zwischen Gefühl und Verstand und vermischen sie nicht. Dadurch kommt es bei Ihnen nicht zu Missverständnissen.

► **Gesundheit** Machen Sie folgende Übung: Sehen Sie vor Ihrem geistigen Auge, wie braune Erdenergie über Ihre Fußsohlen in Ihren Körper gelangt und mit jedem Atemzug bis zum Kopf hinauf strömt. Spüren Sie, wie diese Energie Ihren ganzen Körper entspannt und erdet.

Die Münzen

Im Satz der Münzen geht es um die Erfahrung der Erdenergien, um die materielle Welt, also um Geld und Beruf, Glück und Erfolg. Wie immer im Tarot liegt dahinter der Anstoß, die sinnlich greifbare Materie im größeren Zusammenhang zu verstehen: nämlich als die Manifestation der Gedanken und Bilder. Wir haben gesehen: Mit der Stäbe- (Feuer-) Energie handeln wir. Mit der Kelche- (Wasser-)Energie nehmen wir Erfahrungen auf, die in uns Gefühle und Empfindungen auslösen. Die Schwerter- (Luft-) Energie hilft uns, unseren Verstand sinnvoll einzusetzen.

Die Münzen- (Erd-) Energie führt uns in ihren 14 Bildern vor, wie aus der Tatkraft der Stäbe, den Empfindungen der Kelche und den Gedanken der Schwerter materielle Ergebnisse geschaffen werden. In gewisser Weise zeigen uns also die Münzen, dass die materielle Welt die höchste Stufe unserer Entwicklung darstellt: Sie führt uns sichtbar vor Augen, was wir vorher im Inneren erträumt, erdacht, geplant und dann umgesetzt haben.

Erde hat auch mit dem sinnlichen Erleben zu tun. Erd- oder Münz-Karten zeigen uns, dass wir wieder „körperlich" werden sollen. Mit Ausnahme der Zehn und der Neun der Münzen gibt es kaum Fälle, in denen wir zuviel Erde haben. Bei der Neun und Zehn allerdings sehen wir, dass Erd-Energie – wie jede andere Energie – immer gelebt und geteilt werden muss, wenn wir den größtmöglichen Nutzen haben wollen.

Noch ein Tipp: Wenn Sie die Erd-Energie in der Natur erfahren, werden Sie erkennen, dass Erde beruhigt und kräftigt. Sehen Sie Ihre Münz-Karten auch einmal unter diesem Aspekt – als Aufforderung, das Materielle (Essen, Kleidung, Geld, Besitz) als Fundament und „Erdung" unseres Lebens zu begreifen. Vielleicht gelingt es Ihnen dann, falsche Konzepte über Geld und Reichtum über Bord zu werfen.

König der Münzen – Roy de Denier

Das Bild

Wie schon bei den Kelchen begegnet uns hier ein durch sein Alter (Bart) weise gewordener und dadurch auch entspannter (siehe seine lockere, „unkönigliche“ Sitzhaltung) König. Der König der Münzen will gar nicht mehr herrschen, daher legt er seine Krone ab und setzt den Hut des Reisenden auf, sein Wohlstand – symbolisiert durch die Münze in seiner Rechten – interessiert ihn nur noch beiläufig. Er hat einfach alles erreicht, ist ausgeglichen – seine Kleidung zeigt die Mischung aus Empfindung (blau), Tatkraft (rot) und Wissen (gold) – und ist frei, alles zu tun, wonach ihm der Sinn steht.

Die Bedeutung

Sie haben es zu etwas gebracht. Sie haben sich auf der materiellen Ebene selbst verwirklicht. Die matrielle Freiheit, die Sie erreicht haben, würden Sie viel lieber dazu nutzen vollkommene geistige Freiheit zu erlangen.

Bezieht sich die Karte auf einen Mitmenschen, dann will er jetzt neue Erfahrungen machen. Helfen Sie ihm dabei und nehmen Sie es an, wenn er Sie dafür an seinem Wohlstand teilhaben lässt.

▶ **Beruf** Geben Sie sich nicht gelangweilt in Ihrem Erfolg und in Ihrer Führungsposition. Nehmen Sie lieber das Bild der Karte als Aufmunterung, gelassen und locker zu sein. Seien Sie ein entspannter Chef.

▶ **Liebe** Sie haben Ihrer Zuneigung deutlich sichtbaren Ausdruck verliehen. Seien Sie jetzt wie ein König und schielen Sie nicht darauf, was und wie Sie es zurückerhalten. Seien Sie großzügig: Sie haben nicht nur genügend Geld, sondern auch Gefühle, die Sie frei geben können.

▶ **Gesundheit** Sie sind gesund und fühlen sich wohl. Die Gefahr ist derzeit, dass Sie bequem und übergewichtig werden. Werden Sie aktiv, treiben Sie Sport und verreisen Sie.

Königin der Münzen – Reine de Denier

Das Bild

Die Königin hält das Symbol ihres Wohlstands, die Münze, sichtbar vor sich, als erwarte sie die Huldigung der Massen. Sie trägt auch die Krone und das Szepter als Insignien der weltlichen Macht, sie steht aufrecht, also bereit zu handeln (siehe auch ihren Brustpanzer). Sie zeigt innere Balance: Das Gold des höheren Wissens beherrscht das Bild der Königin. Es ist Teil ihres Kleides, ihres Kopfes und ihres Thrones im Hintergrund. Das Blau ihres Unterkleids und Umhangs bedeutet, dass Empfindung und Intuition sie umgeben und ihre Handlungen leiten.

Die Bedeutung

Materieller Erfolg entsteht durch die Ausgeglichenheit zwischen Tatkraft (rot) und schöpferischer Fantasie (blau). Sie haben durch Ihren Erfolg eine Autoritätsstelle eingenommen. Seien Sie nicht zu majestätisch, sondern kopieren Sie lieber die Lockerheit des Königs.

Bezieht sich die Karte auf einen, der Ihnen nahe steht, dann müssen Sie sich mit der Autorität dieses Menschen jetzt auseinander setzen. Sie ist ja nicht aus einem übersteigerten Herrschaftsanspruch entstanden, sondern aus dem erarbeiteten Erfolg.

▶ **Beruf** Ihre Kollegen und Mitarbeiter sehen Sie als einen Vorgesetzten, der sich durch Fleiß emporgearbeitet hat.

▶ **Liebe** Wohlstand schadet einer Beziehung nicht. Aber wenn Ihr Stolz auf das Erreichte wichtiger wird als Gefühle und Anteilnahme, dann sollten Sie sich statt einer Partnerschaft lieber einen Fanclub zulegen.

▶ **Gesundheit** Tun Sie etwas für Ihren Rücken! Es besteht die Gefahr, dass Sie derzeit zu starr und unbeweglich sind, und daher bald mit Problemen im Muskel- und Bewegungsapparat rechnen müssen.

Ritter der Münzen – Chevalier de Denier

Das Bild

Der Ritter der Münzen will die Energie in der Welt erfahren. Daher steht die Münze wie eine Sonne über ihm und beleuchtet intensiv seinen Lebensweg.

Was ihn weiterbringt, ist sein Empfinden, daher das blaue Pferd und die blaue Jacke. Und was er mit sich bringt, ist die Balance zwischen Empfinden (= Wasser-Energie = blau), Tatkraft (= Feuer-Energie = rot) und Wissen (= Luft-Energie = gold). Und noch eins: Der Ritter strotzt so vor Zuversicht und Selbstvertrauen, dass er keine schützende Kopfbedeckung braucht.

Die Bedeutung

Übernehmen Sie neue Aufgaben, bauen Sie etwas auf. Befriedigen Sie aber auch Ihre derzeitige Abenteuerlust: Vielleicht wäre ein Ortswechsel jetzt für Sie das Beste. Setzen Sie Ihre aktive Energie in Taten um. Beachten sollten Sie dabei, dass Sie Empfinden/Gefühl, Denken/Planen und Tatendrang/Aktivität ins Gleichgewicht bringen.

Bezieht sich die Karte auf einen Mitmenschen, dann sollten Sie ihn ermutigen, neue Aufgaben zu übernehmen, neue berufliche Möglichkeiten auszuprobieren. Machen Sie ihm klar, dass er derzeit viel Energie hat.

▶ **Beruf** Nutzen Sie Ihre momentane Begeisterungsfähigkeit und stürzen Sie sich in neue Aufgaben. Verlieren Sie dabei nicht Ihr inneres Gleichgewicht und scheuen Sie sich nicht, völlig neue Wege zu gehen.

▶ **Liebe** Folgen Sie Ihren Inspirationen und Eingebungen, die Ihre Partnerschaft oder das Kennenlernen neuer Partner betreffen. Sie sind jetzt in Bewegung, starre Verhältnisse würden Sie nur krank machen.

▶ **Gesundheit** Drücken Sie Ihre Aktivität auch körperlich aus. Wenn Sie jetzt nichts tun, wird Ihnen das auf Dauer gesundheitlich schaden.

Bube der Münzen – Valet de Denier

Das Bild

Der Bube der Münzen repräsentiert einen Menschen, der mit der sinnlichen Erfahrung der Welt spielerisch umgehen kann: Er betrachtet die Münze wie die Kristallkugel einer Wahrsagerin, als wolle er sagen: „dich will ich ergründen", und im Hintergrund sehen wir eine weitere Münze wie das Schiff (Symbol für neue Unternehmungen) auf dem Meer schwimmen. Der Bube steht aber trotz seiner lockeren Verspieltheit mit beiden Beinen auf der Erde. Seine Kleidung ist ausgewogen in roten, gelben und blauen Farben, will sagen: Tatkraft, Wissen und Empfinden halten sich die Waage.

Die Bedeutung

Sie sind eins mit der Welt und mit sich selbst und wollen Erfahrungen sammeln. Jetzt ist nicht die Zeit, zu handeln und Geschäfte abzuschließen. Im Moment geht es vielmehr darum, die Welt sinnlich zu erfahren. Wie der Bube der Münzen sollten Sie jetzt ohne Angst die materielle Welt mit allen ihren Möglichkeiten und Chancen betrachten.

Bezieht sich die Karte auf einen Mitmenschen, dann zeigt er einen vernünftigen Menschen an, der gerade auf der Suche nach seiner Berufung ist. Geben Sie ihm den notwendigen Raum dafür.

▶ **Beruf** Lernen Sie etwas Neues, erweitern Sie Ihren Horizont. Gehen Sie keine Verpflichtungen ein und legen Sie sich nicht fest.

▶ **Liebe** Sie haben den jugendlich-unverbrauchten Charme und deswegen verliebt man sich jetzt leicht in Sie. Gehen Sie vorsichtig damit um, denn Sie wollen sich ja derzeit nicht festlegen.

▶ **Gesundheit** Sie erkennen momentan, wie viele Sportarten es gibt, die Ihnen gut tun, oder wie viele Arten der Ernährung. Testen Sie, probieren Sie. Nur so können Sie herausfinden, was Ihnen liegt.

X – Zehn der Münzen

Das Bild

Zehn Münzen bedeuten ein Übermaß an Wohlstand, möglicherweise eine Erbschaft, auf jeden Fall aber – im Unterschied zur Zehn der anderen drei Tarot-Sätze – ein fruchtbares Ergebnis, ausgedrückt in der Blüte in der Kartenmitte. Bei den anderen Sätzen zeigte die Zehn immer eine Erstarrung, ein gewisses Zuviel der jeweiligen Energie.

Hier ist dies nicht der Fall, denn eine Fülle an materiellem Erfolg lähmt oder beschränkt ja nicht. Im Gegenteil: sie macht den Weg frei, neue Erfahrungen zu sammeln und die Welt als Füllhorn zu erleben.

Die Bedeutung

Sie haben Erfolg und Wohlstand erreicht und Sie setzen diese Kräfte fruchtbringend ein. Daher sind Sie zufrieden und glücklich. Stellen Sie sicher, dass Sie Ihre Energien zum Wohle aller einbringen. Lassen Sie sich auch auf eine sinnliche Erfahrung der Welt ein: Fühlen Sie, sehen Sie, riechen Sie, hören Sie und schmecken Sie.

Bezieht sich die Karte auf einen anderen Menschen, dann helfen Sie ihm, seinen Wohlstand nutzbringend für alle einzusetzen. Ermutigen Sie ihn, sich nicht auf dem erreichten Erfolg auszuruhen, sondern sein vorhandenes reiches Potential auszudrücken und auszuleben.

▶ **Beruf** Glauben Sie nicht, dass Sie, weil Sie Erfolg haben, nun alle Viere von sich stecken könnten. Machen Sie stattdessen lieber den nächsten Schritt und bauen Sie Ihren Erfolg weiter aus.

▶ **Liebe** Sie erleben eine sinnliche Zeit. Genießen Sie es, dass Sie derzeit zu einem intensiven Erleben der Liebe fähig sind.

▶ **Gesundheit** Ihr Körper und seine Empfindungen sind derzeit sehr wichtig für Sie. Leben Sie Ihre Triebe aus!

VIIII – Neun der Münzen

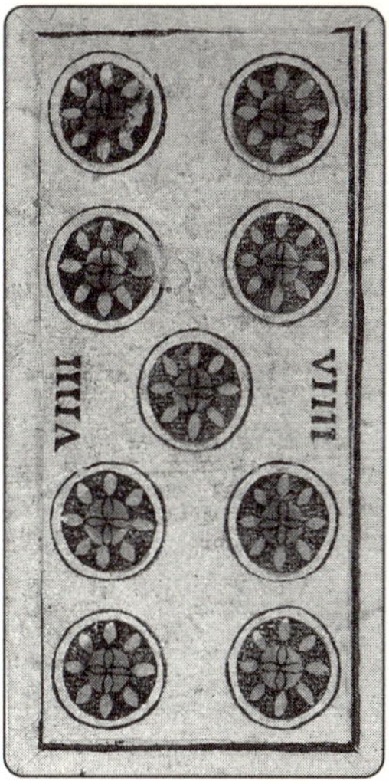

Das Bild

Das sieht sehr nach Harmonie aus: Die jeweils vier Münzen oben und unten sind symmetrisch angeordnet, zentriert um die neunte Münze in der Bildmitte. Trotzdem wirken die neun Münzen zu statisch, zu langweilig. Nichts lenkt von ihnen ab, nichts wächst und gedeiht. Was will uns die Karte also sagen? Die Neun hat – wie die anderen Neunen des Tarot – mit Rückzug zu tun: weg vom aktiven Geschehen, das Früchte trägt.

Die Bedeutung

Sie haben viel erreicht. Jetzt aber möchten Sie mit Ihrer erfolgreichen Aktivität innehalten und sich zurückziehen. Sie brauchen jetzt einfach Zeit, einmal über alles in Ruhe nachzudenken. Lassen Sie sich nicht von anderen in Aktivitäten drängen. Nur wenn Sie sich diese Ruhephase gönnen, können Sie erneut fruchtbringende Ergebnisse erzielen.

Bezieht sich die Karte auf einen Mitmenschen, dann machen Sie ihm jetzt klar, dass er sich nach all seinen Erfolgen ruhig einmal zurückziehen darf. Ermutigen Sie ihn, sich nicht nach seiner Vergangenheit auszurichten, sondern durch Nachdenken neue Wege zu erschließen.

▶ **Beruf** Nehmen Sie Ihr Engagement zurück. Es ist jetzt wichtiger für Sie, aus dem Rampenlicht zu treten und in sich zu gehen.

▶ **Liebe** Genießen Sie die Harmonie mit sich selbst und Ihrem Partner und ziehen Sie sich auf die Insel Ihrer gemeinsamen Liebe zurück.

▶ **Gesundheit** Rückzug in die Stille heißt nicht Faulheit im körperlichen Sinn, aber doch ein Verzicht auf aufwendige oder gesellige Hobbys und Sportarten. Umso mehr sollten Sie zu Hause für Ihren Körper tun.

VIII – Acht der Münzen

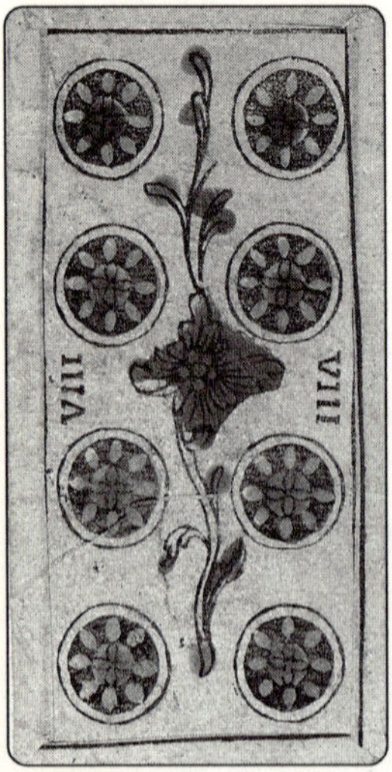

Das Bild

Wie immer bei den Achten der kleinen Arkana kommt jetzt Bewegung ins Bild. Zehn und Neun sind überwunden. Die Zeit des Rückzugs und der Besinnung ist vorüber, die Aktivitäten der Erd-Energie trägt wieder blühende Früchte. Die Acht der Münzen zeigt, dass sich Erfolg immer dann einstellt, wenn wir uns dessen geistige Grundlagen, nämlich Selbsterkenntnis und Disziplin, bewusst gemacht haben. Dann sind die Energien wieder in vollkommener Harmonie, was die zweimal vier Münzen zeigen, und werden durch den Erfolg (die Pflanze mit ihren Blüten) zusammengehalten.

Die Bedeutung

Sie öffnen sich wieder der Welt und ihren bunten Erfahrungen. Es rührt sich wieder was. Aber Sie gehen nicht in den Alltag als der Gleiche zurück, der Sie vor Ihrem Rückzug waren. Sie haben nämlich die Erfahrung gewonnen, dass Besinnung und Disziplin die nötige Balance herstellt, die man für den beruflichen Erfolg braucht. Sie sind also innerlich gestärkt und bereit zu neuen Taten.

Bezieht sich diese Karte auf einen Mitmenschen, dann helfen Sie ihm, jetzt wieder aktiv zu werden. Wenn er Angst davor hat, weil er glaubt, zulange passiv gewesen zu sein, dann ermuntern Sie ihn, auf seinen überreichen Erfolg (acht! Münzen) zu vertrauen.

▶ **Beruf** Und jetzt wird wieder in die Hände gespuckt, Sie steigern das Bruttosozialprodukt! Auf geht's!

▶ **Liebe** Immer auf der Insel der Glückseligen wird auf die Dauer langweilig. Öffnen Sie sich wieder dem Außen.

▶ **Gesundheit** Raus an die frische Luft! Aktiv werden! Rufen Sie Ihre Freunde an und unternehmen Sie was Sportliches.

VII – Sieben der Münzen

Das Bild

Sieben ist in vielen Kulturen eine heilige Zahl. In der Bibel zum Beispiel heißt es, Gott habe die Welt in sieben Tagen erschaffen. Hier, in der Sieben der Münzen, wird dieser glückliche Zustand im Bild ausgedrückt. Vier Münzen rahmen oben und unten die Karten ein, stellvertretend für die vier Energien und die vier Himmelsrichtungen. Im Zentrum steht die von Pflanzen und Blüten umrahmte Dreieinigkeit, die für sich genommen Vollendung und Harmonie ausdrückt. Die Statik der früheren Karten ist überwunden, das Bild wirkt belebt und voller Dynamik.

Die Bedeutung

Sie sind mit Erfolg reich gesegnet. Von allen Ihren Chancen und Möglichkeiten sollten Sie drei näher betrachten: Welches sind die drei Unternehmungen und Handlungen, die jetzt am meisten Aussicht auf Erfolg haben? Überprüfen Sie Ihr Leben danach. Es sind drei Chancen, die irgendwie zusammenhängen und zusammen eine erfolgreiche Einheit bilden. Nutzen Sie sie!

Wenn sich die Karte auf einen Ihnen Nahestehenden bezieht, dann unterstützen Sie ihn bei seiner Suche nach den drei Möglichkeiten. Machen Sie mit ihm eine Bestandsaufnahme und schreiben Sie alles auf, was Ihnen beiden einfällt.

▶ **Beruf** Möglicherweise müssen Sie sich zwischen drei Tätigkeiten entscheiden. Vielleicht können Sie alle drei Jobs miteinander verbinden.

▶ **Liebe** Sie haben drei mögliche Partner zur Auswahl oder drei verschiedene Möglichkeiten, Ihre Beziehung neu zu gestalten.

▶ **Gesundheit** Körper, Seele und Geist sind in Harmonie. Erhalten Sie sich dieses Gleichgewicht durch einen gesunden Lebensstil.

VI – Sechs der Münzen

Das Bild

Die Sechs jeder der vier Kartenreihen zeigt Beziehungen an – hier dargestellt durch die rankende Blume, die alle sechs Münzen verbindet. Die Sechsen haben auch immer mit Geben und Nehmen zu tun. Das Geben und Nehmen von materiellen Gütern bringt immer Fruchtbarkeit und Schönheit hervor, ausgedrückt in der sich rankenden Pflanze in der Bildmitte, die prächtige Blüten treibt.

Die Bedeutung

Die Sechs der Münzen hat zwei Seiten: Die eine ist die Aufforderung zu geben. In dem Augenblick, in dem Sie Ihren Wohlstand mit anderen Menschen teilen, vergrößeren Sie ihn und erschaffen um sich herum Schönheit und Fruchtbarkeit. Die zweite ist die Aufforderung zum Nehmen, oder besser ausgedrückt: zum Bitten. „Bittet, und euch wird gegeben", heißt es in der Bibel.

Bezieht sich die Karte auf einen Mitmenschen, dann gibt er nicht genug, weil er glaubt, an seinem Besitz festhalten zu müssen. Oder aber er bittet nicht, weil er glaubt, andere nicht „belästigen" zu dürfen und selbst „stark" genug sein zu müssen. Machen Sie ihm klar, dass nur dann, wenn wir geben und nehmen der ewige Kreislauf in Bewegung bleibt.

▶ **Beruf** Geben Sie freizügig von Ihrem Können und Wissen, bitten Sie jedoch auch Ihre Kollegen, wenn Sie deren Hilfe brauchen.

▶ **Liebe** Lernen Sie, auch einmal etwas anzunehmen.

▶ **Gesundheit** Auch hier die beiden Möglichkeiten: Sie führen Ihrem Körper ständig Energie (= Nahrung) zu und fordern ihm nichts ab, dann werden Sie übergewichtig. Oder Sie beanspruchen ihn ständig, ohne ihm Ruhepausen und gesunde Nahrung zu gönnen, dann machen Sie ihn krank. Wählen Sie das gesunde Gleichgewicht.

V – Fünf der Münzen

Das Bild

Je zwei Münzen oben und unten schaffen den harmonischen Rahmen, die Münze im Zentrum ist umgeben von Schönheit und Fruchtbarkeit. Eine Verbindung zur Fünf der Großen Arkana, zum Hohe Priester: Wenn die sinnlich-schaffende Energie für spirituelle Zwecke eingesetzt wird, trägt sie die schönsten Früchte.

Die Bedeutung

Fragen Sie sich einmal, wie Sie Ihre Schaffenskraft und Ihr Vermögen spirituell einsetzen können! Die Fünf der Münzen weist Sie darauf hin, dass Sie sich jetzt einmal mit Religion beschäftigen sollten – und zwar mit den materiellen Energien und Möglichkeiten der Münzen. Sie brauchen sich nur einmal auf die sinnliche Erfahrung von Spiritualität einzulassen, etwa auf Rituale, Bräuche und Feste, und schon haben Sie sich dieser Erfahrung geöffnet.

Hat ein Ihnen Nahestehender die Fünf der Münzen gezogen, dann ermuntern Sie ihn, sich mit seiner Spiritualität und seinem Glauben auseinander zu setzen. Feiern Sie mit ihm ein religiöses Fest, nehmen Sie an den Riten einer Religionsgemeinschaft teil, beleben Sie gemeinsam und mit Freunden das Brauchtum Ihrer Gegend.

▶ **Beruf** Die Mönche praktizieren es seit fast 2000 Jahren: Auch die Arbeit kann Gottesdienst sein. Fragen Sie sich einmal, welchen höheren Werten Ihre Tätigkeit dient.

▶ **Liebe** Stellen Sie Ihre Zuneigung zu Ihrem Partner in einen größeren Zusammenhang. Bereichern Sie Ihre Beziehung um die spirituelle Dimension.

▶ **Gesundheit** Sinnlichkeit und Körperlichkeit sind nicht Teufelswerk, sondern nach der Auffassung fernöstlicher Religionen ein Weg zur Erleuchtung. Denken und lesen Sie einmal darüber nach!

IIII – Vier der Münzen

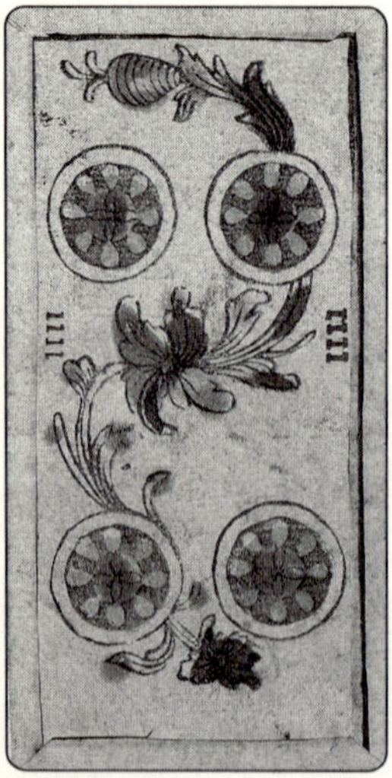

DAS BILD

Die Vier steht im Tarot immer für Zweierlei: Zum einen bedeutet sie Stabilität. Zum anderen steht sie für Harmonie. Auf dieser Karte stehen vier Münzen in perfekter symmetrischer Anordnung vor uns.

Sie werden untereinander von einer sprießenden Blume in Schönheit und Fruchtbarkeit verbunden. Die Farben dieser paradiesischen Pflanze spiegeln das Rot und Gelb der Münzen wider, die selbst wie die Blüten von Sonnenblumen wirken – und die Sonnenblume ist ja das Symbol der materialisierten, also irdischen Feuerenergie.

DIE BEDEUTUNG

Ihre Arbeit trägt jetzt üppige Früchte. Sie erleben wahre Erfolgshöhepunkte. Da sich die unteren Zahlen der Kartensätze immer auf die Wendung nach innen beziehen, bedeutet das, dass Sie über Ihre Arbeit und ihren Wohlstand auch innere Harmonie erreicht haben.

Bezieht sich diese Karte auf einen Mitmenschen, dann haben Sie hier jemand vor sich, der zu Geld und Erfolg gekommen und trotzdem innerlich ausgeglichen ist. Solche Menschen trifft man nicht alle Tage. Lernen Sie von ihm, dass Reichtum nicht gleichbedeutend mit auffallendem Lebensstil, Unausgeglichenheit und Abgehobenheit sein muss.

▶ **Beruf** Sie sind für Ihre Mitarbeiter ein Hort der Stabilität und inneren Ruhe und damit auch ein Vorbild.

▶ **Liebe** Sie erleben gerade die perfekte Balance zwischen „ich“ und „du“. Wenn Sie derzeit keinen Partner haben, dann könnte sich das schnell ändern, denn Ihre Ausgeglichenheit wirkt anziehend.

▶ **Gesundheit** Ihre Gesundheit ist stabil. Allerdings ist Ihnen Ihr Wohlbefinden nicht zugeflogen, sondern Sie haben auch viel dafür getan.

III – Drei der Münzen

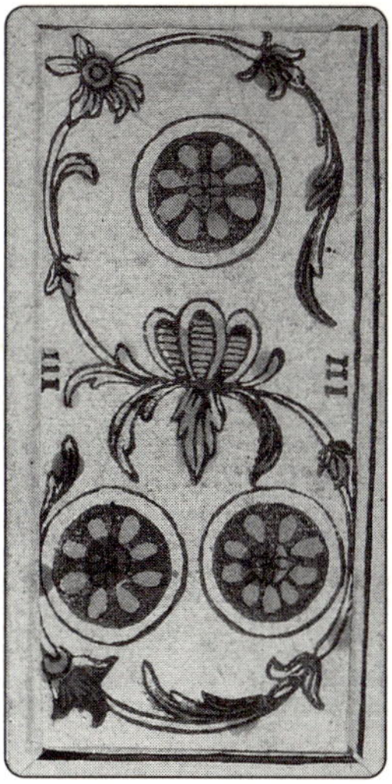

Das Bild

Vollendetes Werk und Arbeit als Weg zur Selbsterkenntnis und zum Selbstausdruck. Die Drei der Münzen zeigt diese Vollendung durch die Symmetrie der drei Münzen, die von der Blume hergestellt wird. Der Selbstausdruck der Pflanze ist die Unendlichkeit, dargestellt in den sanften Schwüngen, in denen die Pflanze eine Acht (Symbol für Unendlichkeit) beschreibt.

Die Bedeutung

Ihre Erd-Energie wendet sich jetzt nach innen, zeigt Ihnen, dass es keinen besseren Weg gibt, sich selbst zu erkennen und auszudrücken als die Arbeit. Tun Sie das, was Sie tun, aus Freude. Machen Sie jede Arbeit um ihrer selbst willen. Dabei lernen Sie sich kennen und entwickeln sich weiter. Die Arbeit wird dann ein Mittel für Sie, Ihre Persönlichkeit und das, wofür Sie stehen, auszudrücken.

Hat ein Ihnen Nahestehender die Drei der Münzen gezogen, dann sollten Sie sich bewusst machen, dass ihm seine Arbeit momentan das Wichtigste ist. Nicht, weil er ein „workaholic“ ist oder sonst mit sich nichts anzufangen weiß, sondern weil er seine Tätigkeit braucht, um über sich selbst ins Klare zu kommen.

▶ **Beruf** Sie haben Erfolg, weil Ihnen Ihre Arbeit wirklich Spaß macht und Sie sich in den Ergebnissen Ihrer Mühen wiederfinden.

▶ **Liebe** Möglicherweise erwächst aus Ihrer Liebesbeziehung etwas Drittes. Das kann, muss aber nicht ein Kind sein. Jedenfalls ist Ihre Partnerschaft für Sie mehr als nur traute Zweisamkeit, sie ist Ausdruck Ihrer Lebenseinstellung.

▶ **Gesundheit** Auch Ihr Körper ist Spiegelbild Ihres Denkens und Fühlens, also Ausdruck Ihrer Persönlichkeit. Deswegen ist es kein Zufall, wie Sie sich momentan fühlen. Denken Sie einmal darüber nach.

II – Zwei der Münzen

Das Bild

Die Zwei zeigt einen Weg zur Erkenntnis: das Spiel. Und zwar das ewige Spiel mit der Dualität. Wir sehen eine stilisierte stehende Acht als Zeichen für die Unendlichkeit, mit fettem Gold gezeichnet, als wollte uns der Tarot-Maler klar machen: Das Auf und Ab von Arm und Reich, Erfolg und Misserfolg fließt nicht nur beständig von einem Pol zum anderen und wieder zurück, es bringt uns auch die Erleuchtung (fettes Gold), dass das Leben ein Spiel ist, ein Tanz der äußeren Formen. Und dieses Wissen um die Wandelhaftigkeit ist ewig (symbolisiert durch die stehende Acht).

Die Bedeutung

Sie begreifen das Leben als Spiel, als ewigen Wechsel zwischen oben und unten. Sie finden immer die Balance zwischen einem Zuviel an Arbeit – was mehr Geld, aber auch weniger Freiheit bringt – und einem Zuwenig – was mehr Freiheit, aber auch weniger Geld bringt.

Bezieht sich die Karte auf einen Mitmenschen, dann können Sie von ihm sehr viel lernen. Zum Beispiel, wie Sie Ihre Verbissenheit verlieren und mehr das Spielerische sehen. Oder, wie Sie erkennen, dass es keinen Sinn macht, zu jammern, wenn man unten ist, weil man ohnehin ganz automatisch wieder nach oben kommt.

▶ **Beruf** Versuchen Sie, Ihre Arbeit als Spiel zu betrachten, das Sie nur so zum Spaß machen. Aber „spielen" Sie nicht den Lockeren, dem alles egal ist (denn darum geht es überhaupt nicht).

▶ **Liebe** Entdecken Sie das Spielerische in Ihrer Partnerschaft. Das hilft Ihrer Beziehung wieder auf die Beine. Flirten Sie mal wieder!

▶ **Gesundheit** Auch Ihr Körper unterliegt dem Auf und Ab des Lebens. Sie können nicht ewig krank oder ewig gesund sein.

Ass der Münzen

DAS BILD

Aus den kleinen Blüten der Münzen ist eine riesige, tellergroße Scheibe geworden, die das gesamte Bild dominiert. Wie die Sonne selbst leuchtet diese Scheibe, so groß sind Fülle, Reichtum, Glück und Erfolg. Und die beiden Pflanzen wollen uns sagen: Die Schöpfung liebt den, der es in der Erfahrung der materiellen Welt zur Meisterschaft gebracht hat.

DIE BEDEUTUNG

Sie sind auf dem Höhepunkt Ihres materiellen Lebens angelangt. Sie sind mit allen Gütern reich gesegnet. Jetzt geht es für Sie darum, einen Schritt weiter zu gehen und zu erkennen, dass in allen materiellen Gütern die Liebe zur Schöpfung ausgedrückt ist. Dass durch die Erfahrung der überwältigenden Schönheit dieser Welt ein Erkennen des Göttlichen möglich ist. Und dass wir nur in Ehrfurcht staunen können, über die Harmonie des gesamten Kosmos, und aller seiner Erscheinungen.

Hat ein Ihnen Nahestehender diese Karte gezogen, dann stehen Sie einem Ihrer Lehrer gegenüber. Dann sollten Sie Ihr eigenes Verhältnis zu materiellen Gütern hinterfragen (Denken Sie, dass Geld und Reichtum etwas Schlechtes sind?) und erkennen, dass auch und besonders im Materiellen die Schöpfung zum Ausdruck kommt, und dass Reichtum einem die Freiheit ermöglicht, Erfahrungen zu sammeln.

▶ **Beruf** Jetzt klingeln die Kassen, und Ihr Konto schwillt an. Genießen Sie es und seien Sie dankbar dafür.

▶ **Liebe** Sie haben nicht nur finanziellen Erfolg, sondern auch in Ihrer Beziehung steht alles einfach bestens.

▶ **Gesundheit** Jetzt wo Sie es in Hülle und Fülle haben, sollten Sie auch Ihrem Körper nur das Beste gönnen, ihn richtig verwöhnen. Investieren Sie in Ihre Gesundheit!

Astrologie

Widder
ISBN: 3-8068-**1741**-3

Die anderen Sternzeichen dieser Reihe:

1742-1	Stier
1743-X	Zwillinge
1744-8	Krebs
1745-6	Löwe
1746-4	Jungfrau
1747-2	Waage
1748-0	Skorpion
1749-9	Schütze
1750-2	Steinbock
1751-0	Wassermann
1752-9	Fische

In dieser aufwendig ausgestatteten Sternzeichenreihe finden Sie alles Wissenswerte und Interessante zu jeweils einem Sternzeichen. Dazu: Anleitung zur Aszendentenberechnung, Planetentabellen und Checks zur persönlichen Übereinstimmung.

Alle Bücher haben 80 Seiten, sind durchgehend vierfarbig, gebunden und kosten **DM 14,90**.

Kinderhoroskop
Von W. Noé, 152 S.,
85 Vignetten, kartoniert
ISBN: 3-635-**60242**-6
Preis: DM 14,90

Lernen Sie Ihr Kind so kennen, wie es wirklich ist; denn aus astrologischer Sicht hat jedes Kind für sein Sternzeichen typische Verhaltensweisen und seinen eigenen Charakter. In diesem esoterischen Ratgeber finden Sie Antworten auf alle Fragen, die Eltern bewegen.

FALKEN TaschenBuch

FALKEN

Der astrologische Kreis
Von J. Rachlitz, 160 S., mit Planetentabelle, kartoniert
ISBN: 3-635-**60336**-8
Preis: DM 16,90

Mit Hilfe dieses astrologischen Ratgebers können Sie anhand von Horoskopberechnung, -deutung und -darstellung Ihr eigenes Horoskop und das anderer Menschen erstellen.

Der immerwährende Kalender der Mondkraft
Von S. Heideweg, 160 S.,
7 s/w-Fotos, kartoniert
ISBN: 3-635-**60301**-5
Preis: DM 14,90

Die Kraft des Mondes wirkt und hilft. Wie Sie davon am besten profitieren, verrät Ihnen dieser Ratgeber.

Chinesisches Horoskop
Von G. Haddenbach, 88 S.,
kartoniert
ISBN: 3-635-**60006**-7
Preis: DM 9,90

Die chinesische Astrologie deutet den Charakter und das Schicksal nach Jahren. In diesem Buch finden Sie viele Antworten zu ihrem persönlichen Tierzeichen.

Liebes-Horoskop
Von W. Noé, 120 S.,
kartoniert
ISBN: 3-635-**60297**-3
Preis: DM 12,90

Die Sterne prägen die erotische Anziehung. Dieser astrologische Ratgeber zeigt Ihnen den Weg zu einer befriedigenden und erfüllten Partnerschaft.